Werkstattunterricht

1./2. Schuljahr

Im Frühling

schubi

westermann®

Bernd Jockweg, Dorothee Reiners · Illustrationen: Anne Wöstheinrich

Autoren: Bernd Jockweg, Münster (D),
Dorothee Reiners, Münster (D)

Beraterteam Deutschland: Maria Charlotte Arndt,
Bettina Bertram, Ruth Mersmann, Dagmar Rottig,
Ulrike Tönnißen

Beraterteam Schweiz und Redaktion:
Cornelia Hausherr, Winterthur
Susan Edthofer, Engelburg
Ursula Gnädinger, Schaffhausen

Illustrationen: Anne Wöstheinrich, Münster (D)
Grafische Gestaltung: Albert Bartel, Münster (D)

CH-8207 Schaffhausen
service@schubi.com
www.schubi.com

7. Auflage 2023

ISBN 978-3-86723-041-4

No 114 27

FSC www.fsc.org MIX Papier aus verantwortungsvollen Quellen FSC® C106855

Vorwort des Autors

Wie unterrichtet man in einer Klasse, in der Kinder lernen, die bei der Einschulung schon Entwicklungsunterschiede von bis zu drei Jahren aufweisen? Wie geht man mit einer Klasse um, in der neben Kindern, die schon lesend in die Schule kommen, Kinder sitzen, die in ihrem Leben noch nie Erfahrungen mit Schriftsprache gemacht haben, weil zu Hause niemand liest oder schreibt?

Zu diesen Fragen kam an unserer Schule die Einführung des jahrgangsübergreifenden Unterrichts. Dadurch erweiterte sich die Spanne von unterschiedlichen Lernerfahrungen noch ein wenig mehr. Gleichschrittige Unterrichtswerke, die von einem „Durchschnittskind" ausgehen, waren hier endgültig keine Lösung mehr.

Alternative Unterrichtsformen waren gefordert, aber es fehlten bisher gerade für den Anfangsunterricht praktikable Unterrichtsmaterialien, die auf die unterschiedlichen Lernerfahrungen der Kinder, aber auch der Lehrerinnen und Lehrer Rücksicht nehmen.

So ist ein Konzept entstanden, das sowohl in jahrgangsübergreifenden Eingangsklassen 1/2 als auch in Jahrgangsklassen (1. oder 2. Schuljahr) erfolgreich eingesetzt wurde. Als einen Baustein dieses Konzeptes halten Sie eine Werkstatt in den Händen, die so aufgebaut ist, dass sie Angebote bietet für eine ganze Bandbreite von Kindern in ihrem ersten und zweiten Lernjahr: ob die Kinder erst am Anfang ihres Lernprozesses stehen oder ob sie schon vielfältige Erfahrungen gemacht haben, möglicherweise schon lesen und schreiben können.

Ich wünsche Ihnen und Ihrer Klasse mit der vorliegenden Werkstatt viel Vergnügen.

PS: Aus Gründen der Lesbarkeit und um nicht überall „die Lehrerin/der Lehrer" schreiben zu müssen, wird im Text nur die weibliche Form verwendet in der Hoffnung, dass sich die männlichen Kollegen genauso angesprochen fühlen.

Inhalt

Arbeitsblätter

Kontrolle und Zusätze

Anhänge und Extras

Themenübersicht aller Werkstätten

Titel	**Möglicher Zeitraum**
In der Schule (No 114 20)	Schulanfang (August)
Ich und meine Familie (No 114 30)	Schulanfang (August)
Auf dem Bauernhof (No 114 21)	September/Oktober
Der Apfel (No 114 31)	September/Oktober
Im Herbst – Der Igel (No 114 22)	Oktober/November
Unsere Umwelt (No 114 32)	Oktober/November
Die Sterne (No 114 23)	Dezember
Weihnachten (No 114 33)	Dezember
Märchen (No 114 24)	Januar/Februar
Licht und Schatten (No 114 34)	Januar/Februar
Magnetismus (No 114 25)	Februar/März
Kunst – Niki de Saint Phalle (No 114 35)	Februar/März
Bauen und konstruieren (No 114 26)	März/April
Meine Sinne (No 114 36)	März/April
Im Frühling (No 114 27)	April/Mai
Gesunde Ernährung (No 114 37)	April/Mai
Rund ums Rad (No 114 28)	Mai/Juni
Computer und Co. (No 114 38)	Mai/Juni
Wasser (No 114 29)	Juni/Juli
Im Zoo (No 114 39)	Juni/Juli

Lehrerkommentar

Grundsätzliches zum Werkstattunterricht

Methodische Überlegungen

Das Konzept des Werkstattunterrichts ist keine neue Erfindung. Schon seit langem lernen Kinder erfolgreich mit dieser Unterrichtsform: Wie in einer „richtigen" Werkstatt arbeiten die Kinder an verschiedenen Aufgaben, aber an einem Thema. Dabei gibt es Aufträge, die von einzelnen Kindern bearbeitet werden und andere, die nur von Gruppen erfolgreich bewältigt werden können. Kinder übernehmen Verantwortung für bestimmte Bereiche, werden hier Experten und sind anderen behilflich. In anderen Bereichen nehmen sie die Hilfe von anderen Kindern an.

Rolle der Lehrerin

Die Rolle der Lehrerin ist im Werkstattunterricht eine gänzlich andere als beim traditionellen lehrerzentrierten Unterricht: Sie ist Beraterin, Organisatorin der Lernprozesse, unterstützt Kinder, die noch Schwierigkeiten haben, ihren eigenen Lernweg zu steuern.

Lernanfänger und Rechtschreibung

Für die Bearbeitung der Aufgaben durch die Lernanfänger ist das Konzept „Lesen durch Schreiben" von Dr. Jürgen Reichen sinnvoll: Die Kinder notieren ihre Ergebnisse zunächst lautgetreu und werden im Laufe ihrer Schreibentwicklung nach und nach ihre rechtschriftlichen Fähigkeiten erweitern. Daher können sowohl Lehrerinnen als auch Eltern natürlich von Erstklässlern noch nicht erwarten, dass ihre Arbeitsergebnisse rechtschriftlich der Dudennorm entsprechen. Dies ist besonders wichtig zu betonen, falls Arbeiten als Hausaufgaben bearbeitet werden.

Elternarbeit

Wenn jemand das erste Mal mit einer Werkstatt arbeitet, kann auch ein Elternabend zu diesem Thema wichtig sein. Es kann zum Beispiel eine vorbereitete Werkstatt präsentiert werden, damit die Eltern sich einen Überblick über die verschiedenen Übungsformate und -inhalte verschaffen können. Wenn die Eltern wissen, dass in einer „Werkstatt" nicht nur mit Hammer und Säge gebastelt wird, stehen sie der Öffnung des Unterrichts in der Regel erheblich aufgeschlossener gegenüber. Bei einer rechtzeitigen Bekanntgabe der verschiedenen Werkstattthemen für das kommende Schuljahr finden sich oft auch Eltern, die durch den Beruf Beiträge zum Thema leisen können.

Arbeitsweise, Einführung und Abschluss

Während einer Werkstatt wird es verschiedene Arbeitsphasen mit verschiedenen Sozialformen geben: Einzel-, Partner- oder Gruppenarbeiten zum Thema der Werkstatt. Nicht zu unterschätzen sind aber auch gemeinsame Phasen mit allen Kindern im Sitzkreis, in „Kinoreihen" vor der Tafel oder auch in Kleingruppen. Zur Einführung des Themas bietet sich immer ein Gespräch mit den Kindern im Sitzkreis an, in dem das Thema abgesteckt wird. Dies kann zum Beispiel mit einem Cluster oder Brainstorming geschehen.

Gerade am Anfang ist es sinnvoll, den Kindern nicht alle Aufgaben auf einmal zur Verfügung zu stellen. Für den Start sollten Aufgaben mit verschiedenem Schwierigkeitsgrad eingeführt sein, damit alle Kinder befriedigende Ergebnisse erbringen können.

Jede Gelegenheit, über das Thema zu sprechen, sollte genutzt werden:

- Einführung einer neuen Aufgabe.
- Zu Beginn der Werkstattarbeit kann gemeinsam besprochen werden, welche Aufgaben sich die Kinder für diesen Tag vorgenommen haben.
- In einer Reflexion am Ende des Tages kann über die geleistete Arbeit nachgedacht und ein besonderes Ergebnis entsprechend gewürdigt werden.

Es ist schön, wenn eine Werkstatt ganz zum Schluss mit einem kleinen besonderen Ereignis beendet werden kann. Zum Beispiel mit einem Abschlussfest, zu dem eine andere Schulklasse oder die Eltern eingeladen werden, einer Präsentation von Ergebnissen im Klassenverband oder einer feierlichen Übergabe der Werkstattbücher.

Aufbewahrung

Wie die Werkstatt aufbereitet und den Kindern angeboten wird, hängt vom Platzangebot in der Klasse ab. Eine relativ platzsparende Möglichkeit sind stapelbare Ablagekästen. 20 durchnummerierte Kästen enthalten die 20 Aufgaben der Werkstatt mit ihren jeweiligen Aufgabenkarten. Daneben sollten noch drei weitere Kästen die linierten und unlinierten Schmuckblätter sowie die kleinen Themenhefte (s. S. 70–72) enthalten.

Umgang mit den Arbeitsergebnissen

Auch hier bieten sich mehrere Möglichkeiten an, die verschiedene Vor- und Nachteile haben, letztlich aber vor allem eine Frage des persönlichen Geschmacks sind:

- eine Werkstattmappe, in der alle Arbeitsergebnisse abgeheftet werden. Für kleinere Ergebnisse, die nicht gelocht werden können, empfiehlt es sich, in jeder Mappe eine Klarsichthülle einzuheften,
- ein Hängeregister, in das die Arbeitsergebnisse gesteckt werden,
- eine gemeinsame Kiste, in welche die Kinder ihre mit Namen versehenen Arbeitsergebnisse legen; die Lehrerin sortiert und bewahrt die Ergebnisse dann bis zum Ende der Werkstatt auf.

In allen Fällen sollten die Arbeiten der Kinder zum Abschluss der Werkstatt entsprechend gewürdigt werden.

Organisatorische Hinweise zu dieser Werkstattreihe

Werkstattreihe mit 20 Themen

Die vorliegende Unterrichtseinheit gehört zu einer Reihe von 20 sachkundlich orientierten Werkstätten.

Aufbau

Jede der 20 Werkstätten aus dieser Reihe ist ähnlich aufgebaut und enthält ein übersichtliches Materialangebot, das es den Kindern in Ihrer Klasse erlaubt, sich selbstgesteuert mit dem Thema auseinanderzusetzen. So finden sich die Kinder mit jeder durchgeführten Werkstatt besser mit den Materialien zurecht, können auf Erfahrungen zurückgreifen und werden immer selbstständiger damit arbeiten können. Die meisten Materialien sind als Kopiervorlagen angelegt, für Spiele oder Ähnliches sind im hinteren Teil jeder Werkstatt einige farbige Bögen dabei.

Auftragskarten

Die Auftragskarten sollten auf (farbigen) Karton kopiert werden und enthalten eine ausführliche Anleitung für die jeweilige Aufgabe bzw. das Arbeitsblatt. Der Textumfang wird für die meisten Kinder im 1. oder 2. Schuljahr zu schwierig sein. Sie sind auch eher für eine gemeinsame Besprechung im Sitzkreis gedacht, bei der die Lehrerin den Text vorliest und gemeinsam mit den Kindern bespricht. Wer Auftragskarten bevorzugt, die mit wenigen Symbolen auskommen, kann die leeren Kopiervorlagen benutzen, um Aufträge nach eigenen Bedürfnissen zu gestalten.

Unten auf der Karte wird das Helferkind (der „Chef") eingetragen, das für diese Aufgabe die Verantwortung übernimmt. Es hilft, wenn andere Kinder nicht mehr weiterkommen, achtet darauf, dass die Materialien in einem ordentlichen und vollständigen Zustand bleiben, und kontrolliert das Ergebnis bei seinen Mitschülerinnen und Mitschülern. Gerade der letzte Punkt verlangt von der Lehrerin Zurückhaltung, bringt aber einen großen Gewinn im Bereich Verantwortungsbewusstsein.

Aufgaben und Arbeitsblätter

20 Aufgaben ermöglichen einen breit gefächerten Zugang zum Thema dieser Werkstatt. Die Auswahl der Aufgaben ist dabei immer möglichst fächerübergreifend angelegt, neben sachunterrichtlichen Aspekten finden sich auch Aufgaben aus den Bereichen Lesen, Schreiben, Rechnen, Wahrnehmung, Konzentration und Feinmotorik. Soweit es sich anbot, wurden Differenzierungsmöglichkeiten innerhalb eines Arbeitsblattes angelegt. Direkte Hinweise dazu finden Sie bei den „Erläuterungen zu den Arbeitsaufträgen" ab Seite 14.

Manche Aufgaben sind nur für Kinder geeignet, die schon lesen können, manche sind eher für Kinder gedacht, die noch große Schwierigkeiten mit dem Lesen haben. In der Regel sind die Kinder in der Lage, sich die Aufgaben herauszusuchen, die für sie richtig und wichtig sind. In manchen Fällen benötigen sie bei der Auswahl aber auch die Unterstützung der Lehrerin.

Dauer und Aufgabenmenge

Wie viele Aufgaben die Kinder in einem bestimmten Zeitraum bearbeiten können, ist sehr unterschiedlich und hängt in erster Linie von der Leistungsfähigkeit der Klasse und des einzelnen Kindes sowie vom zeitlichen Umfang der Werkstattarbeit ab. In der Regel sollten aber die meisten Kinder in der Lage sein, mindestens zwei Aufgaben pro Woche selbstständig zu erledigen. Bei der Dauer von drei bis vier Wochen einer Werkstatt sollte also jedes Kind ungefähr ein Drittel der Werkstattaufgaben oder mehr bearbeitet haben.

Schmuckblätter

Die Kopiervorlagen für linierte und unlinierte Schmuckblätter können bei verschiedenen Gelegenheiten eingesetzt werden. Kinder können sie nutzen, um Lösungen für Aufgaben zu notieren, zu denen es kein Arbeitsblatt gibt, oder wenn sie Bilder und Texte zum Werkstattthema anfertigen möchten.

Themenhefte

Der Umschlag auf S. 72 kann auf festeres, evtl. farbiges Papier (Kopierkarton) kopiert werden. Mit 2–3 leeren Blättern wird es dann zu einem kleinen Heft zusammengeheftet. Die Kinder können danach die Umrisslinie ausschneiden und erhalten ihr persönliches Themenheft zur Werkstatt, in das sie eigene Geschichten schreiben, Notizen machen oder worin sie Dinge sammeln können, die zum Thema gehören. Mit seinem praktischen Format passt das Themenheft in jede Hosentasche. So können die Kinder auch unterwegs, zu Hause und in ihrer Freizeit Beiträge zur Werkstatt sammeln.

Werkstattpass

Auf diesem Blatt malen die Kinder die Aufgaben an, die sie bereits erfolgreich bearbeitet haben. Es dient sowohl den Kindern als auch der Lehrerin als Übersicht. Falls gewünscht, können hier auch (individuelle) Pflichtaufgaben markiert werden. Ebenso kann mit den Aufgaben verfahren werden, für welche die Kinder als Helferkind eingesetzt wurden.

Lehrerkontrolle

Bei Bedarf können hier die Aufgaben notiert werden, welche die Kinder erledigt haben. Werden dabei Symbole (wie +, o, - etc.) verwendet, entsteht auf einfache Art ein Überblick, wie die Kinder mit der Werkstatt gearbeitet haben.

Inhaltliche Hinweise zur Werkstatt „Im Frühling“

Schwerpunkt

Der Beginn des Frühlings, das Erwachen der Natur wird von den meisten Menschen und nicht zuletzt von den Kindern als sehr erholsame Zeit empfunden. Die Kälte des Winters weicht und die Möglichkeiten, Zeit draußen in der Natur zu verbringen, wachsen. Kinder sind fasziniert, wenn sie erfahren, wie viel in der Natur in dieser Zeit geschieht – sowohl bei den Pflanzen als auch bei den Tieren – und können so besser auch Veränderungen bei sich selbst wahrnehmen. Die intensivsten Erfahrungen in diesem Bereich kann man selbstverständlich nicht im Klassenzimmer mit einer Werkstatt machen, sondern bei einem Frühlingsspaziergang, der während dieser Zeit auf keinen Fall fehlen sollte. Der Schwerpunkt der Werkstatt liegt auf der Vermittlung der bekanntesten Frühblüher und ihrer Eigenschaften und dem Kennenlernen von Frühlingsboten aus der Tierwelt.

Lernziele

Die Kinder lernen verschiedene Frühblüher kennen.

Die Kinder können die Bestandteile eines Frühblühers benennen.

Die Kinder lernen den Bau und die Funktion einer Zwiebel kennen.

Die Kinder werden aufmerksam für verschiedene Veränderungen in der Tier- und Pflanzenwelt, die mit dem Frühling einhergehen.

Lehrplanbezüge

Folgende Bereiche des Faches Sachunterricht werden von verschiedenen Aufgaben der Werkstatt und durch den begleitenden gemeinsamen Unterricht angeschnitten:

- Natur und Leben
  - Wärme, Licht, Feuer, Wasser, Luft, Schall
    (Wasser und Licht als Lebensgrundlage für Menschen, Tiere und Pflanzen erfahren)
  - Pflanzen und Tiere/Natürliche und gestaltete Lebensräume
    (Pflanzen und Tiere in ihrem Lebensraum beobachten, benennen und beschreiben; Achtung und Verantwortung gegenüber Tieren und Pflanzen entwickeln)
- Zeit und Kultur
  - Zeiteinteilung und Zeitablauf (Feste und Ereignisse im Jahreslauf kennenlernen)

Vorschläge für den gemeinsamen Unterricht

- Auf einem Frühlingsspaziergang beobachten, woran wir den Frühling erkennen können, nicht nur mit den Augen, sondern auch mit allen anderen Sinnen, s. auch Arbeitsauftrag 10, S. 16. Dabei sowohl auf Veränderungen in der Pflanzenwelt wie auch in der Tierwelt achten: Die Bäume bekommen Blätter, Blumen blühen, alles wird grün, Tiere erwachen aus dem Winterschlaf, Vögel kommen aus dem Süden zurück, bauen Nester und legen Eier.
- Mit den Kindern die bekanntesten Frühblüher in Töpfen mit Erde sammeln und ausstellen. In Gartencentern gibt es in der Regel günstig Schneeglöckchen, Krokusse, Tulpen, Hyazinthen und Narzissen. Diese sollten auf jeden Fall im Klassenzimmer bereitstehen, da sie für einige Beobachtungsaufgaben benötigt werden. Ergänzt werden sollte die Sammlung nach Möglichkeit durch weitere, evtl. auch regionale Frühblüher wie Märzbecher, Veilchen, Gänseblümchen, Sauerklee, Blaustern.
- Kresse oder Blumen mit den Kindern säen und das Wachstum beobachten.
- Falls die Schule über einen Schulgarten verfügt, sollte dieser auf jeden Fall in die Frühlings-Werkstatt mit einbezogen werden.
- Spiele für draußen sammeln: Fangen, Verstecken, Kegeln, Sackhüpfen, Schatzsuche, Blinde Kuh, Himmel und Hölle, Seilspringen mit langem Seil, Kreisspiele, Mannschaftsspiele. Vielleicht sogar eine eigene Spiele-Kartei mit den Kindern entwickeln und die Regeln von den Kindern formulieren und aufschreiben lassen. Da Kinder oft kaum noch Spiele kennen, die ohne oder mit wenigen, leicht zu beschaffenden Materialien draußen gespielt werden können, kann hier auch ein Schwerpunkt gelegt werden.
- Frühlingswünsche, Frühlingsgedanken auf Karten schreiben und gestalten.
- Gedicht „Die Tulpe“ von Josef Guggenmos. Das Gedicht kann z. B. auch musikalisch mit Orffschen Instrumenten gestaltet oder tänzerisch mit Jongliertüchern umgesetzt werden.
- Frühlingsfest gemeinsam vorbereiten und feiern, vielleicht auch mit Eltern.

Inhaltliche Hinweise zur Werkstatt „Im Frühling“

Fächerübergreifende Vorschläge

- Musik
  - Frühlingslieder singen. Vier Volkslieder finden sich in Anhänge und Extras, S. 74–77.
  - „Der Frühling“ aus „Die vier Jahreszeiten“ von Antonio Vivaldi hören. Wenn die Kinder schon Erfahrungen mit solchen Stücken haben, kann man ihnen den Teil "Frühling" vorspielen und sie bitten herauszuhören, woran man erkennt, dass Vivaldi den Frühling musikalisch vertont hat. Die Lehrerin kann aber auch vorher kurz erzählen, wie Vivaldi vorgegangen ist. Vivaldi hat dies anschaulich in einem erklärenden Sonett zu seinem Konzert erklärt: Die Vögel begrüßen den Frühling mit einem festlichen Gesang, eine Quelle murmelt, der Himmel bedeckt sich und ein Gewitter zieht auf. Als das Gewitter vorüber ist, singen wieder die Vögel. Auf einer Wiese schläft ein Schäfer, neben ihm sein Hund. Zur Dudelsackmusik tanzen Nymphen, um den Frühling zu begrüßen.
- Kunst
  - Bildbetrachtung aus dem Werk „Neues Blumenbuch“ von Maria Sibylla Merian (1647–1717). Maria Sibylla Merian war eine Naturforscherin und Künstlerin aus Deutschland. Schon als Kind fing sie an, Insekten, Raupen, Schmetterlinge und andere Kleintiere, aber auch Pflanzen detailgetreu zu zeichnen. Ihr sind viele Erkenntnisse aus dem Gebiet der Insektenforschung zu verdanken. Beispielsweise ist ihre Einteilung in Tag- und Nachtfalter bei den Schmetterlingen, die sie als Kapellen und Eulen bezeichnete, bis heute in der Systematik der Fauna gültig geblieben. Da sie sehr viel Wert auf die Qualität der Abbildungen und der bei den Büchern verwendeten Materialien legte, waren ihre Bücher sehr teuer und fanden vergleichsweise wenige Käufer. So konnte sie vom Verkauf ihrer Werke allein nicht leben und verdiente Geld unter anderem auch durch Malunterricht.

    Mit den Kindern können die Werke von Maria Sibylla Merian nachempfunden werden, indem die Kinder versuchen, Blumen möglichst realistisch mit Buntstiften nachzuzeichnen. Dazu stellt man den Kindern Frühlingsblumen am besten in gläsernen Blumenvasen zur Verfügung. Buntstifte eignen sich am besten, da mit ihnen Farbverläufe am einfachsten nachempfunden werden können.
- Gestaltung
  - Blumentöpfe bemalen – kleine Töpfchen können auch als Eierbecher benutzt werden.
  - Österliche Dekoration basteln, Ostereier bemalen.
  - Fenster mit gefalteten Tulpen dekorieren.

    Vorgehen: Ein quadratisches buntes Papier diagonal falten. Das entstandene Dreieck noch einmal in der Hälfte falten und wieder aufklappen. Beide Ecken der gestrichelten Linie entlang nach oben falten.

    Stiel und Blütenblätter können ebenfalls aus buntem Papier ausgeschnitten und aufgeklebt werden.

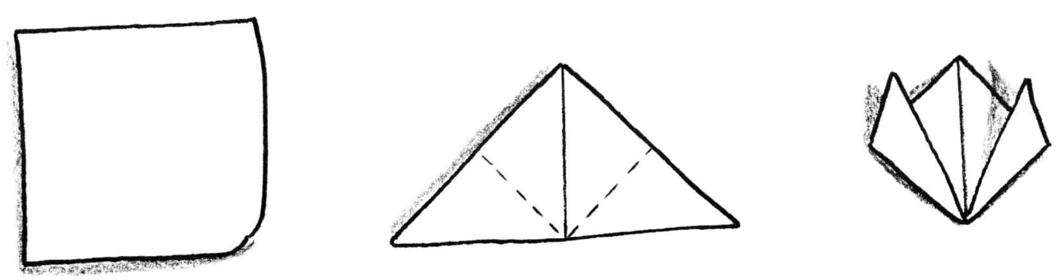

Inhaltliche Hinweise zur Werkstatt „Im Frühling“

Kinderbücher

Rotraut Susanne Berner: Frühlings-Wimmelbuch. Gerstenberg Verlag.

Christina Björk, Lena Anderson: Linnea und die schnellste Bohne der Stadt. Und: Linneas Jahrbuch. Beide Bücher: Bertelsmann Verlag.

Fabienne Boldt: Wunderwelt Wiese. NordSüd Verlag.

Wof Erlbruch: Das Bärenwunder. Peter Hammer Verlag.

Johann Wolfgang v. Goethe, Verena Ballhaus: Gefunden. Bajazzo Verlag.

Sybille Günther: Frühlingsluft und Sonnentanz. Oekotopia Verlag.

Maria Sibylla Merian: Neues Blumenbuch. Prestel Verlag.

Bianka Minte-König, Hans-Günther Döring: Komm mit, wir entdecken den Frühling. Thienemann Verlag

Anne Möller: Über Land und durch die Luft. Atlantis Verlag.

Sibylle von Olfers: Etwas von den Wurzelkindern. Esslinger Verlag.

Internet-Tipp

www.blinde-kuh.ch

www.blinde-kuh.de

Kindersuchmaschine. In die Suchmaske „Frühling“ eingeben. Spannende Links, ausführliche Infos, zahlreiche Tipps für den Unterricht.

Auftragsübersicht

Erläuterungen zu den Arbeitsaufträgen

Differenzierungsmöglichkeiten innerhalb einer Aufgabe werden mit ★ gekennzeichnet.

Frühlingswörter (1)

① Neben die Bilder sollen die entsprechenden Bezeichnungen geschrieben werden.

★ Kinder, die schon Schreiberfahrungen besitzen, werden aufgefordert, den Artikel vor das jeweilige Wort zu setzen. Kinder im zweiten Lernjahr schreiben neben jedes Bild einen kleinen Satz.

② Die Kinder sollen die Kästchen mit den Frühlingsbildern – Osterhase, Schmetterling, Vogel, Biene, Osterei, Tulpe – anmalen.

Lösung: Ostern

Frühblüher (2)

Die Kinder malen die Frühblüher an, schreiben Namen, Blütenfarbe, Anzahl der Blütenblätter, Blätter und Blütezeit auf. An konkreten Beispielen sollte mit den Kindern der Unterschied zwischen Blütenblättern und Blättern geklärt werden.
Im Klassenzimmer sollten echte Exemplare dieser und anderer Frühblüher stehen. Die Karten, s. S. 37, können auf Karton kopiert zu den Blumen gestellt werden. Sie enthalten auch Hinweise auf die Blütezeit.
Falls im Klassenzimmer noch mehr als diese fünf Frühblüher ausgestellt sind, kann das leere Arbeitsblatt auch für diese Pflanzen genutzt werden.
Vorbereitung: Schneeglöckchen, Krokus, Tulpe, Hyazinthe, Osterglocke bereitstellen. Informationskarten dazustellen.

Faltheft: Tulpenjahr (3)

Am Beispiel der Tulpe soll der Jahreslauf eines Frühblühers beschrieben werden. Mit den großen Karten kann man vorher im Klassenverband die Bilder sortieren und überlegen, welche Entwicklungsstufe die Tulpe gerade durchläuft. Dazu können weitere Informationen gegeben werden.
Die Kinder malen nach dem Falten des Heftes die einzelnen Stadien der Tulpe bunt und schreiben anschließend passende Bemerkungen zu den Bildern. Da sich die Entwicklung der Tulpe wie in einem Kreislauf immer wiederholt, ist dieses Faltheft als „Endlosbuch" konzipiert, das keine bestimmte Titelseite hat und immer wieder von vorne beginnt.
Information:
Bild 1: Im Winter ruht die Zwiebel in der Erde.
Bild 2: Wenn es noch friert und Schnee liegt, beginnt die Tulpe schon langsam zu wachsen. Die Nährstoffe dazu kommen aus der Zwiebel.
Bild 3 und 4: Im Frühjahr, wenn der Schnee geschmolzen ist und es langsam wärmer wird, wachsen der Stängel, die Blätter und die Blüte.
Bild 5: Die Frucht reift. Die Tulpe bildet Samen.
Bild 6: Die Frucht platzt und die reifen Samen werden ausgestreut.
Bild 7 und 8: Dann verwelkt die Tulpe schnell, die Nährstoffe aus der alten Zwiebel sind verbraucht. In der Erde sind neue Zwiebeln herangewachsen, in denen sich neue Nährstoffe sammeln. Aus ihnen können im nächsten Jahr neue Tulpen wachsen.
Vorbereitung: Für eine Sortierung an der Tafel wird die Vorlage jedes Stadiums der Tulpe am besten auf Karton hochkopiert, bewährt hat sich das Format A5.

Erläuterungen zu den Arbeitsaufträgen

Die Tulpe 4

Zu einer Zeichnung einer Tulpe und einem Querschnitt der Tulpenblüte schreiben die Kinder die Namen der Pflanzenteile. Es ist sinnvoll, die Teile der Pflanze – vor allem der Blüte – anhand von echten Pflanzen und einer Tafelzeichnung mit allen Kindern zu besprechen.

Die Zwiebel 5

Die Zwiebel ist wie eine Vorratskammer. Auch die neuen Pflanzenteile sind in der Zwiebelmitte schon enthalten und müssen sich quasi nur noch entfalten. Dadurch ist es den Zwiebelpflanzen schon sehr früh im Jahr möglich, zu wachsen und zu blühen. Es bilden sich auch neue Zwiebeln, die Brutzwiebeln.

(1) Die Kinder schreiben die Namen der Bestandteile einer Zwiebel auf. Eine Zuordnung der Begriffe ist auch durch die Anzahl der Buchstaben und der Verteilung der größeren Buchstaben möglich, sodass die Kinder die Begriffe noch nicht vorher kennen müssen, wenngleich es von Vorteil ist, mit den Kindern gemeinsam schon vorher Zwiebeln genauer zu untersuchen.
Lösung: 1. Zwiebelhaut, 2. Speicherblätter, 3. Brutzwiebel, 4. Zwiebelkuchen, 5. Blüte der neuen Pflanze, 6. Blätter der neuen Pflanze

(2) Die Kinder zeichnen die Ringe einer quer durchgeschnittenen Zwiebel ein.

(3) Die Kinder notieren ihre Vermutung, ob eine Zwiebel- und eine Wurzelpflanze unterschiedlich reagieren, wenn sie ohne Wasser und Erde überleben müssen.

Frühlings-Memospiel 6

Nach den bekannten Regeln spielen die Kinder dieses Memospiel, auf dem zwölf typische Frühlingsblumen mit ihrem Namen abgebildet sind. Anschließend schreiben und malen die Kinder auf, welche Karten sie erspielt haben.

Frühlingsrätsel 7

(1) Anhand der beiden kurzen Texte erraten die Kinder, um welche Frühlingsblumen es sich handelt. Sie schreiben den Namen an die vorgesehene Stelle und malen die Pflanze in das Feld.
Lösung: Schneeglöckchen, Narzisse

(2) Im Buchstabenfeld sind 13 Frühlingsblumen versteckt. Da auch unbekanntere Namen darunter sind, ist die Aufgabe bewusst als Frage offen formuliert: „Wie viele Frühlingsblumen findest du im Buchstabenfeld?"
Lösung: waagerecht: Märzbecher, Huflattich, Hyazinthe, Osterglocke, Flieder, Veilchen, Schneeglöckchen, Gänseblümchen, Sauerklee, Blaustern; senkrecht: Narzisse, Krokus, Tulpe

B	D	F	H	N	J	L	N	P	M	Ä	R	Z	B	E	C	H	E	R	R
H	U	F	L	A	T	T	I	C	H	T	H	Y	A	Z	I	N	T	H	E
O	S	T	E	R	G	L	O	C	K	E	V	X	Z	K	A	C	U	E	G
I	K	M	O	Z	Q	S	U	F	L	I	E	D	E	R	W	Y	L	Z	A
D	G	V	E	I	L	C	H	E	N	J	M	P	S	O	V	Y	P	B	E
H	K	N	Q	S	C	H	N	E	E	G	L	Ö	C	K	C	H	E	N	T
W	G	Ä	N	S	E	B	L	Ü	M	C	H	E	N	U	Z	C	F	I	L
O	S	A	U	E	R	K	L	E	E	B	L	A	U	S	T	E	R	N	R

Erläuterungen zu den Arbeitsaufträgen

Blumenkästen bepflanzen 8

Anhand der Preisliste rechnen die Kinder die Beispiele aus. Darüber hinaus gibt es die Möglichkeit, mit den zusätzlichen Leerkarten und den Blumen zum Ausschneiden eigene Beispiele zu kleben und sie anderen Kindern zur Verfügung zu stellen, um damit Kopfrechnen zu üben.
Die Währung – €/Fr. – sollen die Kinder selbst dazuschreiben.
Lösung: 12, 9, 11, 15, 12, 16

Versteckte Frühlingsboten 9

In den Wimmelbildern sollen die Kinder die sechs versteckten „Frühlingsboten" entdecken, ausmalen und den jeweiligen Namen dazuschreiben.
Lösung: Marienkäfer, Igel, Schmetterling, Biene, Schnecke, Regenwurm

Dem Frühling auf der Spur 10

Den Frühlingsbeginn nehmen wir über viele Veränderungen in unserer Umwelt wahr. Tiere, die einen Winterschlaf machten, oder Zugvögel, die in wärmeren Ländern waren, sind wieder da. Blumen wachsen wieder, Bäume und Sträucher werden grün. Das Wetter wird wärmer. Auf diese Veränderungen sollen die Kinder bei dieser Aufgabe ihr Augenmerk legen. Als Impuls dient dabei das Gedicht „Frühling" von Christine Nöstlinger.

Frühling überall 11

Die Lesekarten werden so auf dem Tisch verteilt, dass die Bilder sichtbar sind. Das Kind beginnt mit der Titelkarte „Frühling überall". Es liest den Text auf der Rückseite und sucht anschließend das passende Bild. So geht es weiter, bis es das letzte Bild gefunden hat, auf dessen Rückseite „Ende" steht.
Varianten: Mehrere Kinder verteilen die Karten unter sich. Das Kind, das die Titelkarte hat, liest den Text auf der Rückseite vor. Weiter geht es mit dem Kind, welches das passende Bild zu diesem Text hat.

★ Als einfachere Variante gibt es die gleichen Karten mit jeweils einem kurzen Satz auf der Rückseite.

Erläuterungen zu den Arbeitsaufträgen

Blumen-Sortierspiele 12

Bei den drei Zuordnungsspielen müssen die Kinder die Blumenkarten nach ihren vier Eigenschaften sortieren: Farbe – lila oder gelb, mit oder ohne Schmetterling, Tulpe oder Krokus, groß oder klein. Beim ersten Spiel erfolgt das Einsortieren in eine Matrix, beim zweiten in ein Baumdiagramm, beim dritten in ein Venndiagramm – hier benötigen die Kinder nur die großen Blumen!
Vorbereitung: Die drei Spielpläne müssen auf A3 hochkopiert werden.
Je ein leerer Kreis muss jeweils lila und gelb gefärbt werden.

Frühlingsgedicht 13

Auch wenn das Gedicht „avenidas" von Eugen Gomringer auf Spanisch geschrieben ist, hat es eine ganz einfache Form, die auch Kinder schnell selbst entdecken, da es im Grunde nur aus vier Wörtern besteht: avenidas = Alleen, Wege; flores = Blumen; mujeres (Aussprache „mucheres") = Frauen; un admirador = ein Bewunderer, die mit dem Wörtchen y = und verbunden sind. Die Kinder können dieses Gedicht einfach übersetzen, indem sie die deutschen Begriffe in die jeweiligen Kästchen schreiben. Sie sollten aber auch dazu angeregt werden, selbst Frühlingsgedichte zu schreiben. Dazu genügen vier Frühlingswörter, die nach dem avenidas-Prinzip zu einem Gedicht zusammengesetzt werden.

★ Möglicherweise kann mit den Kindern erarbeitet werden, dass das vierte Wort – ein Bewunderer – etwas aus der Reihe fällt. Die Kinder sollten versuchen, diese Erkenntnis in ihren eigenen Gedichten ebenfalls umzusetzen.

Frühlingsgeschichten 14

Die Kinder suchen sich einen der Geschichtenanfänge aus und schreiben die Frühlingsgeschichte zu Ende. Auf die erste Zeile können sie einen Titel setzen.
Vorbereitung: Die Blätter werden so kopiert, dass auf der Rückseite der vier Motive/Anfänge jeweils das reine Linienblatt ist. Dann werden die Blätter in der Mitte gefaltet, sodass kleine „Geschichtenhefte" entstehen.

Wer versteckt sich im Zahlenbild? 15

Zur Auswahl stehen zwei Arbeitsblätter mit verschiedenem Schwierigkeitsgrad: Das Blatt mit der Feder beinhaltet Additions- und Subtraktionsaufgaben bis 20, das Blatt mit dem Gewicht enthält neben Additions- und Subtraktionsaufgaben bis 100 auch Multiplikationsaufgaben, z. T. kombiniert mit einer Addition oder Subtraktion, z. B.: 4 x 8 – 2. Anschließend sollen die Kinder auf die Schreiblinien einen passenden Satz zu dem entstandenen Bild schreiben.

Erläuterungen zu den Arbeitsaufträgen

Lesen, malen und schreiben 16

Entsprechend dem Lesetext soll das Gartenbild vervollständigt werden. Auf die Linien schreiben die Kinder einen zum Bild passenden Text, z. B. was sie am Frühling schön finden, welches ihre Lieblingsblumen sind, ob sie zu Hause einen eigenen Garten haben ...

★ Bei diesem Arbeitsblatt gibt es zwei Schwierigkeitsgrade. Die einfachere Variante ist durch eine Feder gekennzeichnet, die schwierigere durch ein Gewicht. In beiden Fällen können die Kinder die Aufgabe aber nur bearbeiten, wenn sie schon lesen können.

Blumen pflücken 17

★ Im Material finden sich zwei Würfelspiele, eines zur Übung der Addition, das andere zur Übung der Multiplikation.

Gespielt wird mit zwei Würfeln. Die beiden Augenwerte werden je nach verwendetem Plan entweder addiert oder multipliziert. Das Ergebnis kann auf dem Blumenfeld durch ein Plättchen verdeckt werden.
Spielvariante 1: Jedes Kind braucht ein eigenes Spielfeld. Wer als Erster alle seine Blumen „gepflückt" hat, ist Sieger. Bei dieser Variante können auch Kinder des ersten Schuljahres – mit dem Additionsplan – und Kinder des zweiten Schuljahres – mit dem Multiplikationsplan – gemeinsam spielen. Jedes rechnet auf seine Weise.
Spielvariante 2: Zwei Kinder spielen an einem Spielplan mit verschiedenfarbigen Plättchen. Wenn alle Blumen mit Plättchen abgedeckt sind, wird gezählt, wer mehr Punkte erreicht hat.
Vorbereitung: 2 Würfel und verschiedenfarbige Plättchen bereitstellen.

Eier-Tangram 18

Das Eier-Tangram ist eine Tangram-Variante, die auch als „Ei des Kolumbus" oder „magisches Ei" bekannt ist.
Die Kinder schneiden das Eier-Tangram aus und legen daraus einen Vogel. Dieser wird auf ein vielleicht andersfarbiges Blatt geklebt. Außerdem sollen sich die Kinder einen Namen für ihren Vogel ausdenken und dazuschreiben.
Vorbereitung: Die Vorlagen werden am besten auf farbiges Papier kopiert.

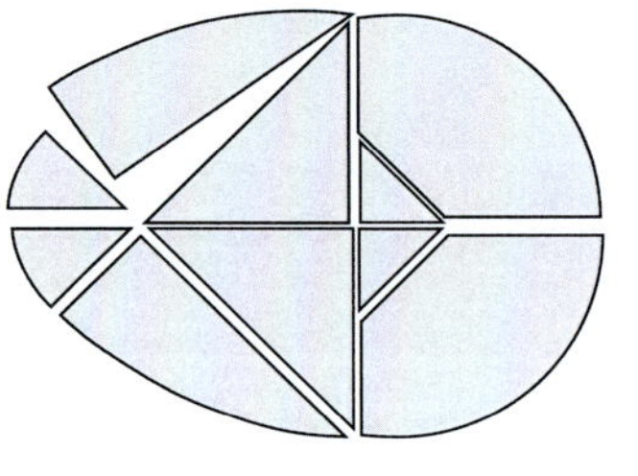

Spiegelbilder 19

Bei dieser Aufgabe sollen die Kinder das Bild einer Tulpe und eines Marienkäfers spiegelsymmetrisch ergänzen. Wenn im Klassenzimmer ein Mira-Spiegel, auch als „Zauberspiegel" bekannt, vorhanden ist, sollte er als Hilfsmittel vorgestellt werden.
Vorbereitung: Mira-Spiegel bereitstellen.

Ein Wort zu viel 20

In jedem Satz zum Thema Frühling ist ein Wort zu viel. Die Kinder identifizieren dieses Wort durch Lesen und streichen es durch.

Auftragskarten

Frühlingswörter

1

(1) An vielen Dingen kannst du erkennen, dass der Frühling beginnt. Schreibe neben die Bilder die passenden Wörter,

Wenn du schon gut schreiben kannst, dann schreibe auch den Artikel „der", „die" oder „das" davor.
Du kannst auch jeweils einen kurzen Satz schreiben.

(2) Wenn du bei den Minibildern alle Kästchen mit Frühlingsbildern anmalst, erhältst du den Namen eines wichtigen Frühlingsfestes.

? Helferkind: ______________________________

Frühblüher

2

Auf diesem Blatt findest du bekannte Frühblüher aus unseren Gärten.
Du siehst sie auch in unserer Blumenausstellung.

Fülle die Steckbriefe aus.
Male die Frühblüher in den richtigen Farben an.
Setze die Blumenreihe am Rand fort.

Wenn du noch andere Frühblüher kennst, nutze das leere Arbeitsblatt.

Name: ______________________________
Blütenfarbe: ______________________________
Blütenblätter: ______________________________
Blätter: ______________________________
Blütezeit: ______________________________

? Helferkind: ______________________________

Faltheft: Tulpenjahr

3

① Lege das Blatt quer mit der Zeichnung nach unten.
Falte es einmal von unten nach oben.
Klappe es wieder auf.

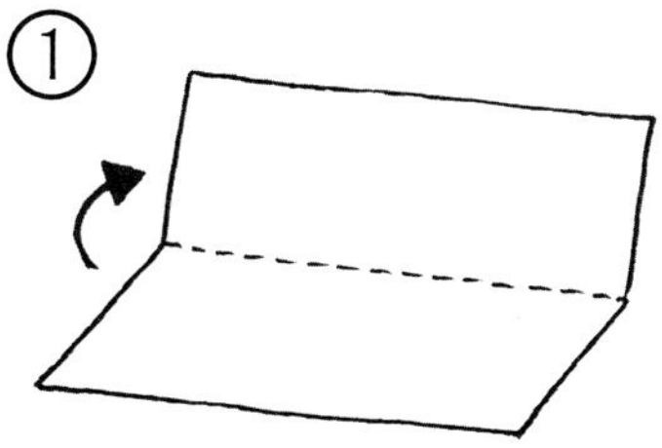

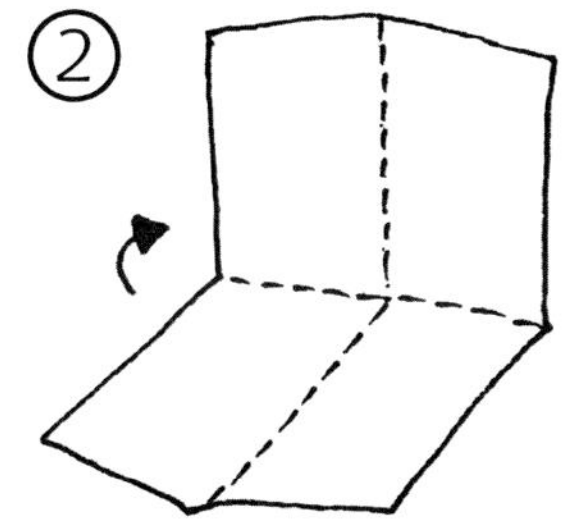

② Drehe das Blatt um 90 Grad.
Falte es einmal von unten nach oben.

③ Dreh das Blatt mit der Zeichnung nach oben.
Falte das Blatt von unten bis zur Knickfalte.
Klappe es wieder auf.
Falte das Blatt von oben bis zur Knickfalte.
Klappe es wieder auf.

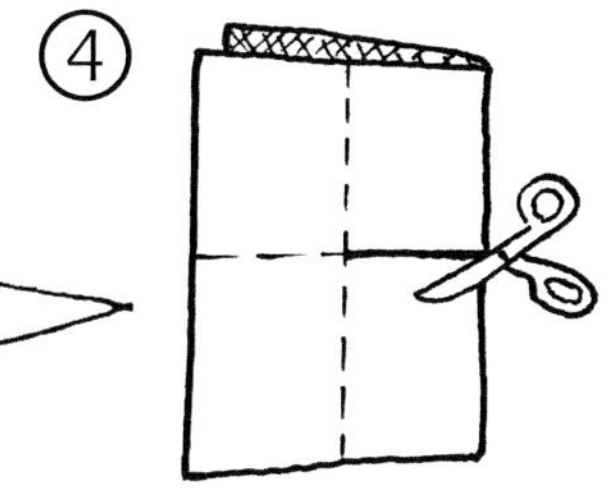

④ Schneide mit der Schere die Mittellinie von der Knickfalte bis zu Hälfte wie auf der Zeichnung ein.

⑤ Falte das Blatt wieder auf. Fasse es links und rechts wie auf der Zeichnung und schiebe die Seiten in die Mitte.

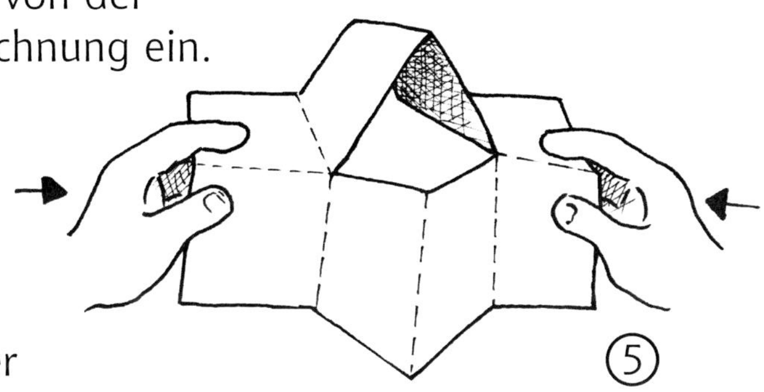

⑥ In diesem Faltheft kannst du etwas über das Tulpenjahr erfahren.
Male die einzelnen Bilder in den richtigen Farben an.
Welche Farbe hat wohl die verwelkte Tulpe?

Schreibe etwas Passendes zu den Bildern.

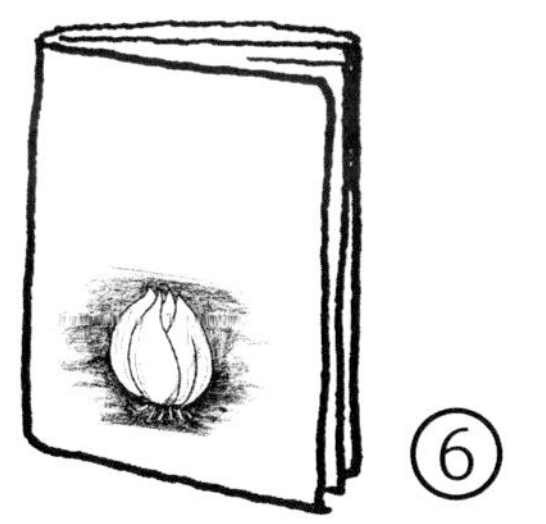

? Helferkind: ____________________

Die Tulpe

4

Deine Körperteile haben Namen wie Arm, Bein, Hals, Brust.

Die Teile der Tulpe nennt man: Blatt, Blüte, Stängel, Wurzel, Zwiebel.
Die Teile der Tulpenblüte nennt man: Blütenblatt, Staubblatt, Stempel.

Trage die Namen ein.

Male die Tulpe in den richtigen Farben an.

? Helferkind: ____________________

Die Zwiebel

5

Die Zwiebel ist wie eine Vorratskammer.
In ihr ist die Pflanze schon enthalten und alles, was sie zum Wachsen braucht.

① Betrachte den **Längsschnitt** der Zwiebel.
Welcher Begriff passt zu welcher Zahl?
Schreibe die 6 Begriffe bei der richtigen Zahl in die Kästchen:

- Blätter der neuen Pflanze
- Blüte der neuen Pflanze
- Brutzwiebel
- Speicherblätter
- Zwiebelhaut
- Zwiebelkuchen

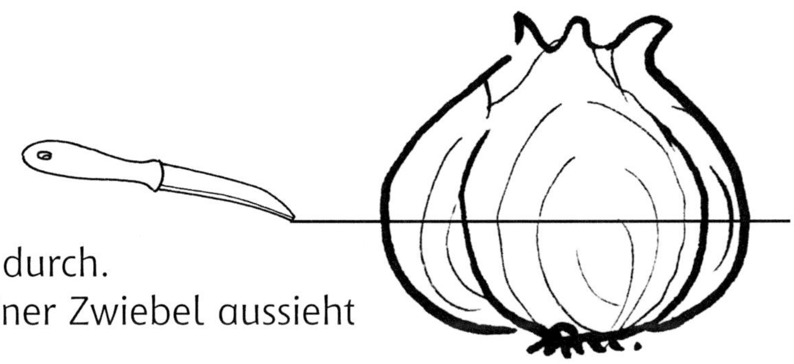

② Schneide eine Zwiebel einmal quer durch.
Zeichne auf, wie der **Querschnitt** einer Zwiebel aussieht

③ Was passiert, wenn du eine **Zwiebelpflanze** und eine einfache **Wurzelpflanze** in einen leeren Behälter ohne Wasser und ohne Erde stellst?

Schreibe deine Vermutung auf.

Zwiebelpflanze

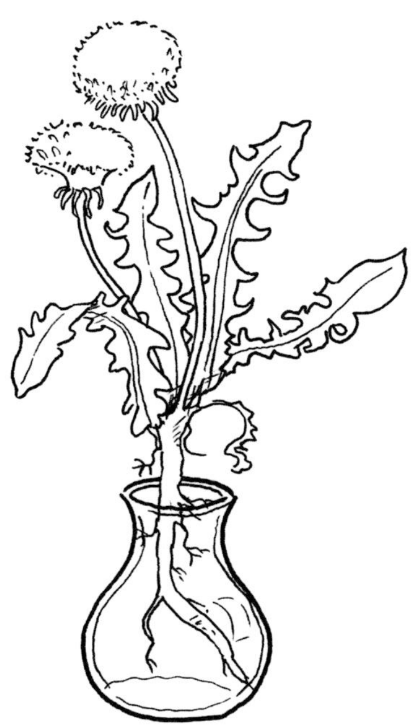

Wurzelpflanze

? Helferkind: ______________________

Frühlings-Memospiel

6

Kennst du die Frühlingsblumen auf den Karten?

Spiele mit anderen Kindern zusammen das Memospiel!

Die Karten werden mit den Bildern nach unten auf dem Tisch verteilt und gut gemischt. Reihum dürft ihr zwei Karten umdrehen.
– Wenn du ein Paar gefunden hast, darfst du die beiden Karten behalten. Du bist noch einmal dran.
– Wenn du unterschiedliche Karten aufgedeckt hast, musst du die Karten wieder verdeckt zurücklegen. Das nächste Kind ist an der Reihe.

Wenn alle Paare gefunden sind, ist das Spiel zu Ende.

Schreibe und male nachher auf, welche Frühlingsblumen du erspielt hast.

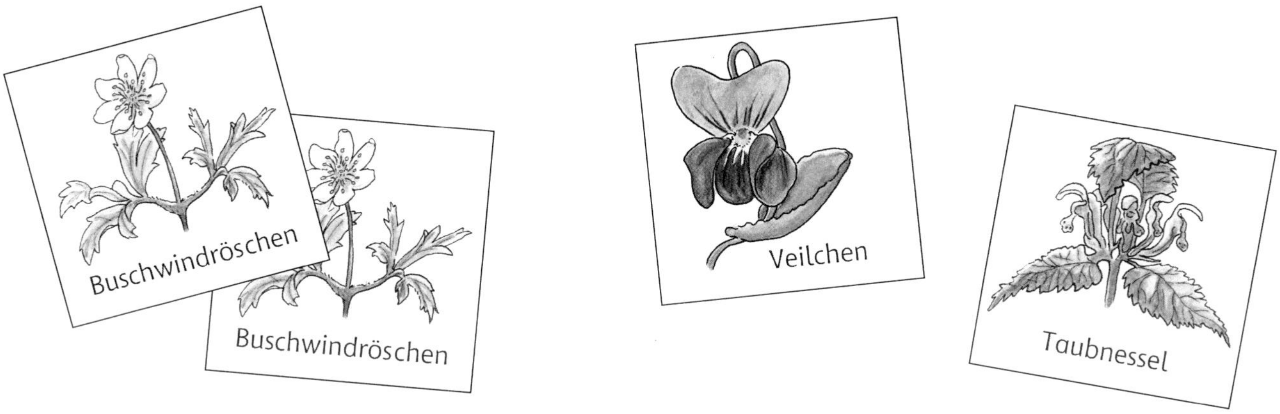

? Helferkind: ______________________________

Frühlingsrätsel

7

Kennst du dich mit Frühlingsblumen aus?
Löse die beiden Frühlingsrätsel.

(1) Male in die Kreise die Blumen.

(2) Wie viele Frühlingsblumen findest du im Buchstabenfeld?
Färbe die Namen in Frühlingsfarben ein.

? Helferkind: ______________________________

Blumenkästen bepflanzen 8

Im Frühjahr verkaufen Gartengeschäfte viele Frühlingsblumen.

Sieh dir das Angebot für Tulpen, Hyazinthen und Narzissen an.
Rechne die Beispiele aus.

Klebe auch eigene Aufgaben auf.
Schreibe die Lösung auf die Rückseite.
So können andere Kinder mit deinen Aufgaben üben.

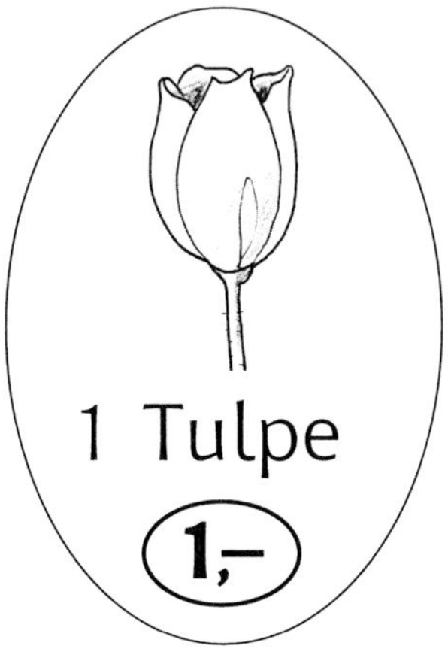

? Helferkind: ____________________

Versteckte Frühlingsboten 9

Nicht nur an den Blumen kann man den Frühling erkennen.
Sobald der Winter verschwindet,
gibt es noch andere Frühlingsboten.

Entdeckst du sie zwischen den Verwirrlinien?

Male sie an.
Schreibe ihre Namen dazu.

? Helferkind: ____________________

Dem Frühling auf der Spur 10

Lies das Gedicht „Frühling" von Christine Nöstlinger oder lasse es dir vorlesen.

Woran kannst du erkennen, dass der Frühling da ist?

Was ist bei den Tieren anders?
Was gibt es Besonderes bei den Pflanzen?
Ändert sich das Wetter?
Was fällt dir sonst noch ein?

? Helferkind: ____________________

Frühling überall

11

Lege die Karten mit den Bildern nach oben auf den Tisch.

Fange mit der Karte „Frühling überall“ an.
Lies den Text auf der Rückseite und finde das passende Bild dazu.
Lies auch bei dieser Karte die Rückseite und suche das Bild.

So geht es weiter, bis du alle Karten in der richtigen Reihenfolge sortiert hast.

? Helferkind: ______________________

Blumen sortieren

12

Bei den drei Zuordnungsspielen musst du die Blumenkarten nach ihren Eigenschaften sortieren.

Beim Spiel 3 brauchst du die Karten mit den kleinen Blumen nicht!

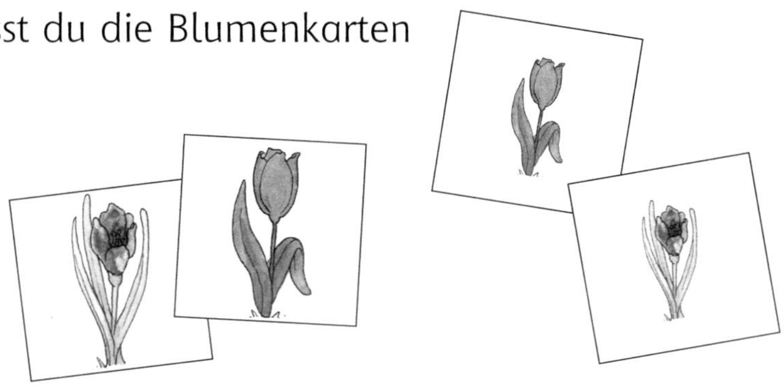

? Helferkind: ______________________

Frühlingsgedicht

13

„avenidas“ ist ein spanisches Gedicht.
Hast du bemerkt, dass es nur aus 4 Wörtern besteht?
Auch wenn du nicht Spanisch kannst, fällt dir sicher schnell auf, wie dieses Gedicht aufgebaut ist.
Schreibe auf diese Art ein eigenes Frühlingsgedicht.
Du brauchst dazu nur 4 Frühlingswörter.
In die Kästchen, die gleich aussehen, schreibst du jeweils das gleiche Wort.

Gestalte nun dein Gedicht mit einer schönen Schrift am Computer.

? Helferkind: ______________________

Frühlingsgeschichten 14

Wähle einen Geschichtenanfang aus!
Wie geht die Geschichte weiter? Was passiert?
Ist es eine lustige Geschichte?
Ist sie spannend?
Ist sie traurig?

Schreibe die Geschichte zu Ende.
Male das Bild bunt an.

? Helferkind: ____________________

Wer versteckt sich im Zahlenbild? 15

Da hat sich jemand im Zahlenbild versteckt.

Wähle ein Blatt aus:  : einfacher  : schwieriger

Rechne die Aufgaben aus und male sie nach der Anweisung an.

Schreibe auf die Linien einen passenden Satz dazu.

? Helferkind: ____________________

Lesen, malen und schreiben 16

Hier siehst du ein Blumenbeet im Frühling.

Lies den Text
und male das Bild fertig.

Schreibe etwas Passendes zu dem Bild.

? Helferkind: ____________________

Blumen pflücken

17

Pflücke Blumen, damit die Wohnung nach Frühling aussieht.

Du brauchst für dieses Spiel:
2 Würfel
und Plättchen.

1. Spiel:
Jeder braucht einen Spielplan:
entweder einen Plus-Plan oder einen Malrechnen-Plan.
Würfelt abwechselnd.

Bei einem Plus-Plan musst du die Augenzahlen zusammenzählen.
Bei einem Malrechnen-Plan musst du die Augenzahlen malrechnen.

Das Ergebnis dürft ihr mit einem Plättchen abdecken.

Gewonnen hat, wer zuerst alle seine Blumen gepflückt und mit Plättchen belegt hat.

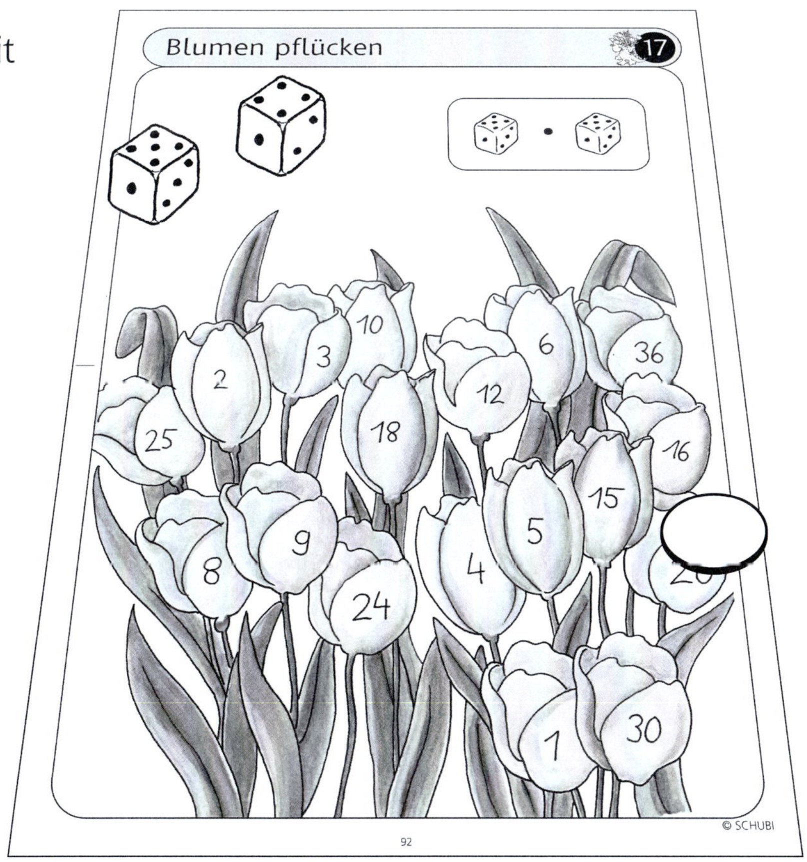

2. Spiel:
Spielt zu zweit an einem Plan mit Plättchen in verschiedenen Farben.

Wenn ihr alle Blumen gepflückt habt, zählt, wer die meisten Plättchen auf Blumen liegen hat.

? Helferkind: ____________________

Eier-Tangram

18

Schneide die 10 Teile des Eier-Tangrams aus.
Lege daraus einen Vogel.
Klebe ihn auf ein buntes Blatt Papier.

Denke dir einen Namen aus
und schreibe ihn dazu.

Helferkind: ____________________

Spiegeln

19

Zeichne die Tulpe und den Marienkäfer zu Ende.

Ein Spiegel kann dir dabei helfen.

Helferkind: ____________________

Ein Wort zu viel

20

Lies die Frühlingssätze durch.

In jedem Satz ist ein Wort zu viel.
Streiche es durch.

Helferkind: ____________________

? Helferkind: ______________________________

? Helferkind: ______________________________

© SCHUBI

? Helferkind: ____________________

? Helferkind: ____________________

? Helferkind: ____________________

Arbeitsblätter

Name:

Datum:

Frühlingswörter

1

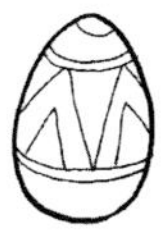

2

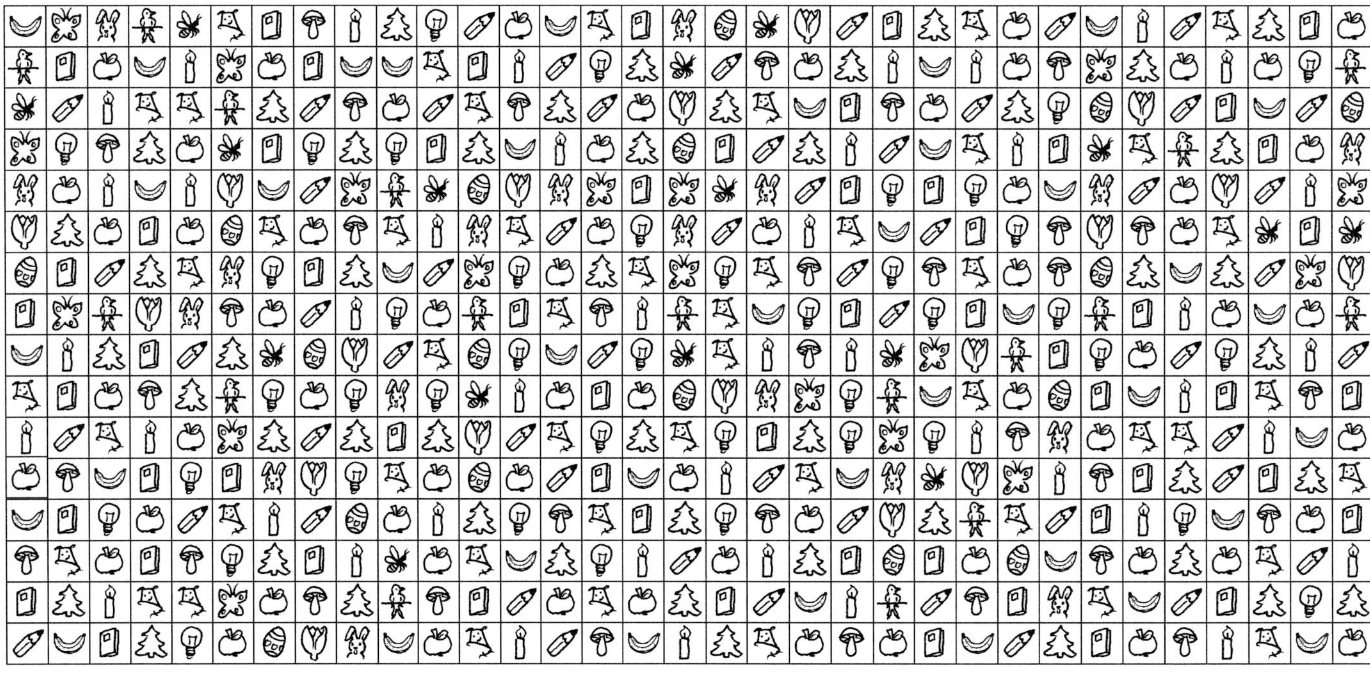

Name:

Datum:

Frühblüher

2

Name: ___

Blütenfarbe: ___

Blütenblätter: ___

Blätter: ___

Blütezeit: ___

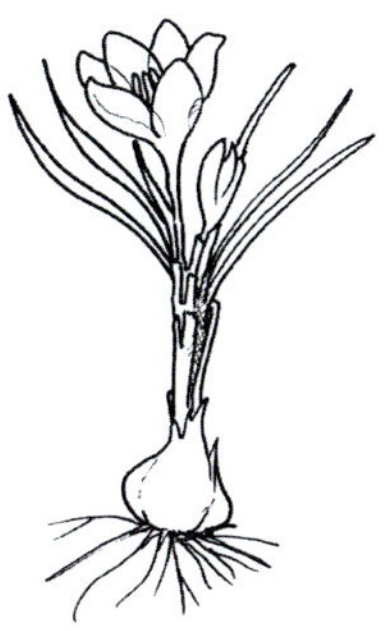

Name: ___

Blütenfarbe: ___

Blütenblätter: ___

Blätter: ___

Blütezeit: ___

Name: ___

Blütenfarbe: ___

Blütenblätter: ___

Blätter: ___

Blütezeit: ___

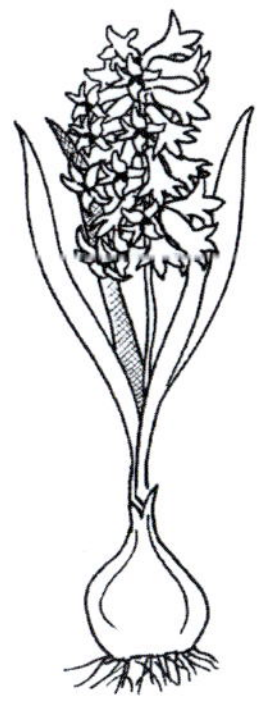

Name: ___

Blütenfarbe: ___

Blütenblätter: ___

Blätter: ___

Blütezeit: ___

Eine Hyazinthe hat viele Blüten.

Name: ___

Blütenfarbe: ___

Blütenblätter: ___

Blätter: ___

Blütezeit: ___

Name:

Datum:

Frühblüher

2

Name: ____________________

Blütenfarbe: ____________________

Blütenblätter: ____________________

Blätter: ____________________

Blütezeit: ____________________

Name: ____________________

Blütenfarbe: ____________________

Blütenblätter: ____________________

Blätter: ____________________

Blütezeit: ____________________

Name: ____________________

Blütenfarbe: ____________________

Blütenblätter: ____________________

Blätter: ____________________

Blütezeit: ____________________

Name: ____________________

Blütenfarbe: ____________________

Blütenblätter: ____________________

Blätter: ____________________

Blütezeit: ____________________

Name: ____________________

Blütenfarbe: ____________________

Blütenblätter: ____________________

Blätter: ____________________

Blütezeit: ____________________

Frühblüher
Informationskarten

2

Schneeglöckchen
Blütezeit: Februar bis März

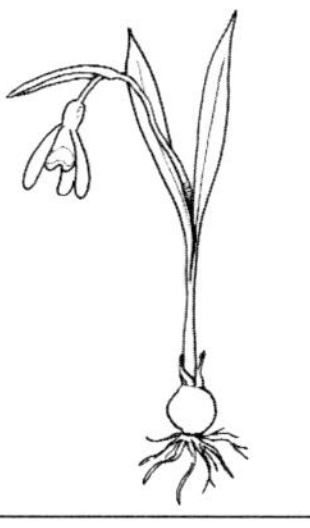

Tulpe
Blütezeit: März bis Mai

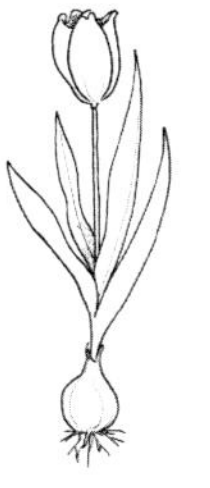

Osterglocke
Blütezeit: März bis Mai

Krokus
Blütezeit: Februar bis April

Hyazinthe
Blütezeit: März bis Mai

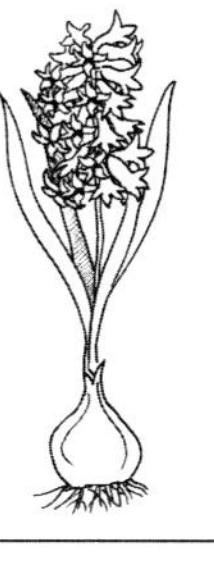

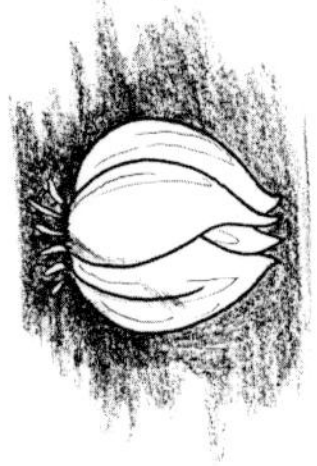

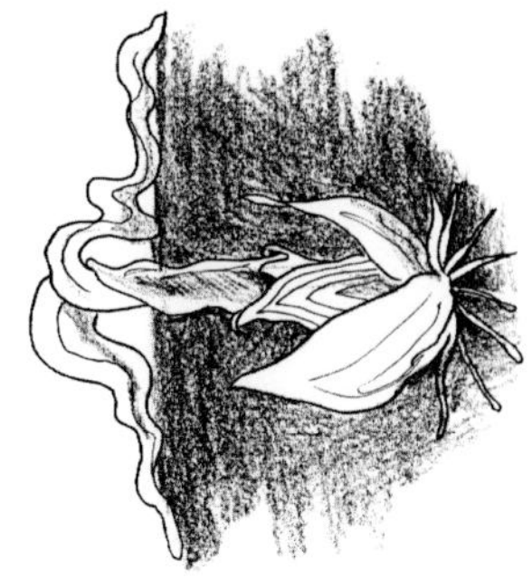

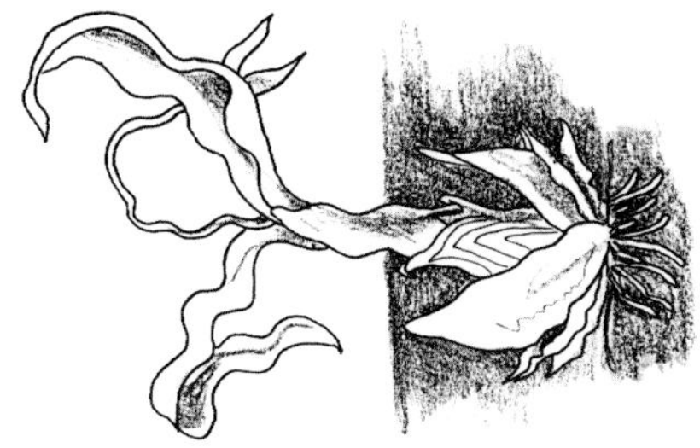

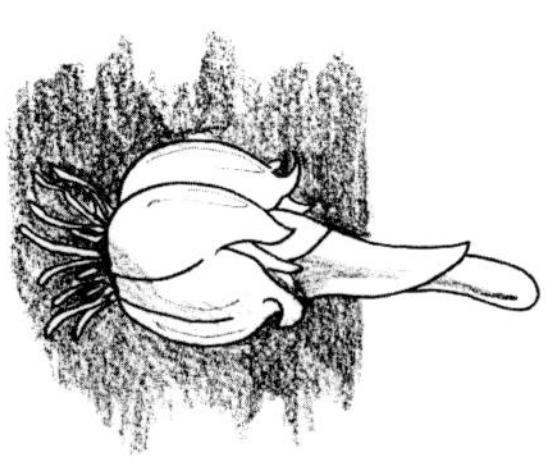

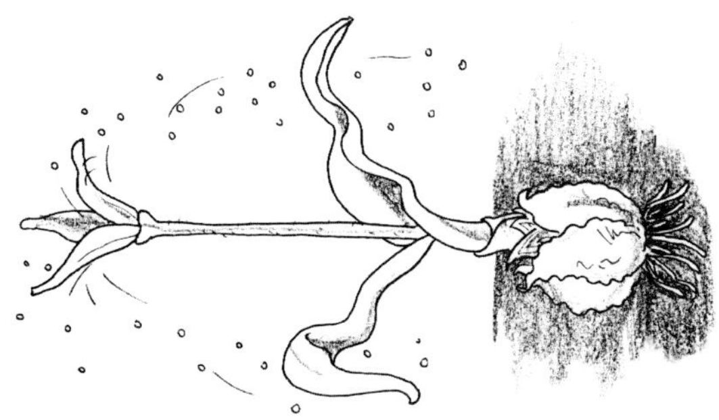

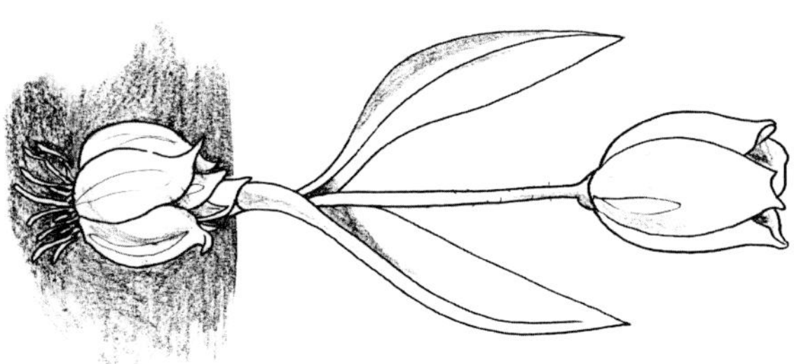

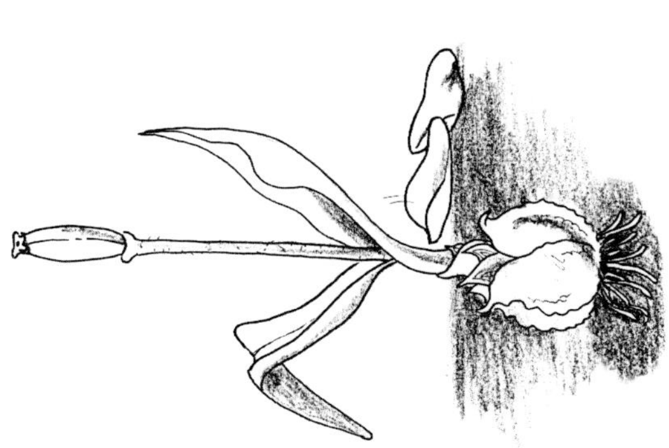

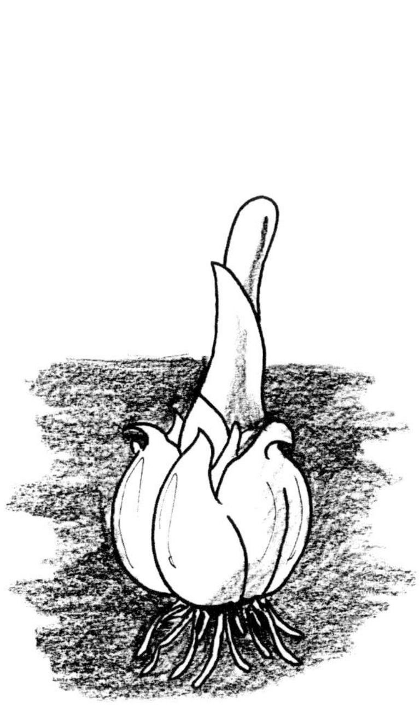

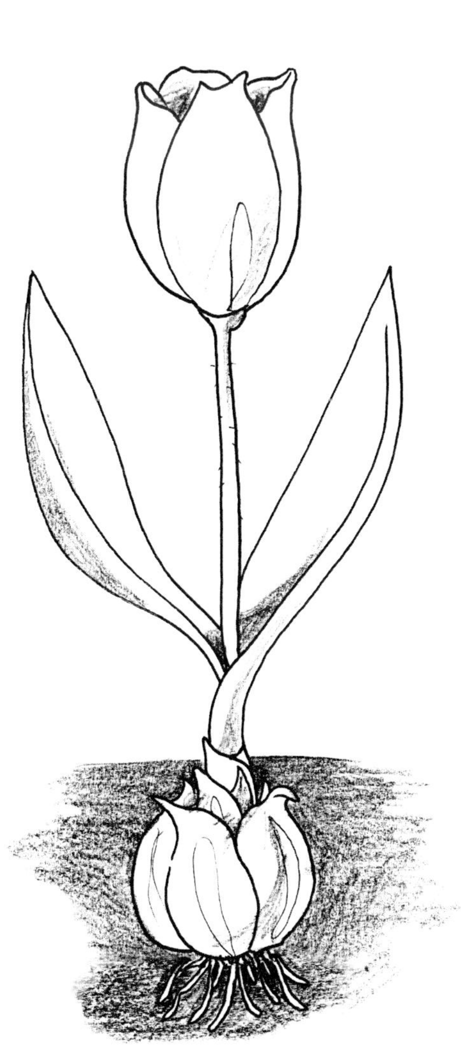

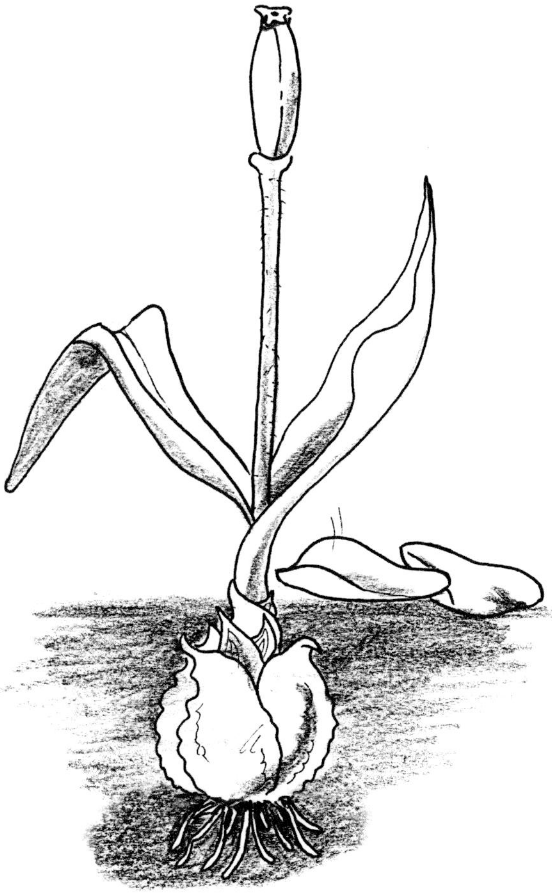
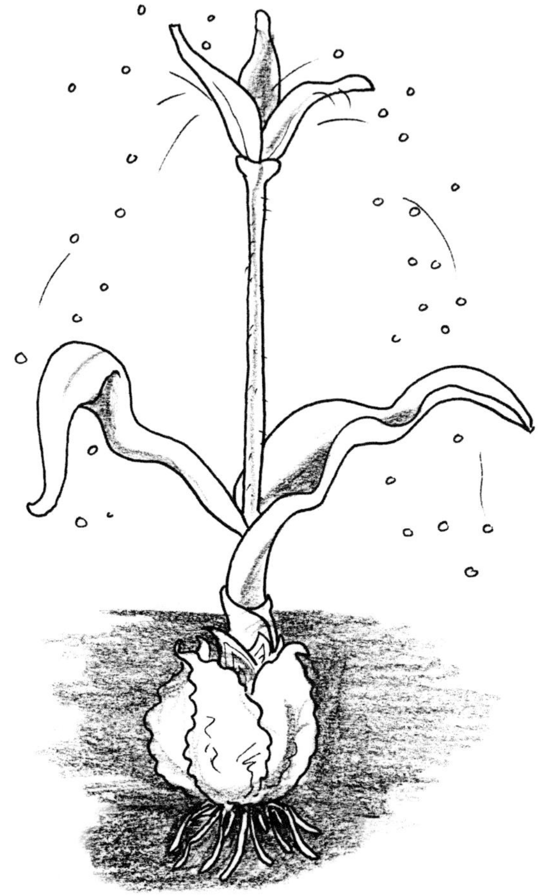
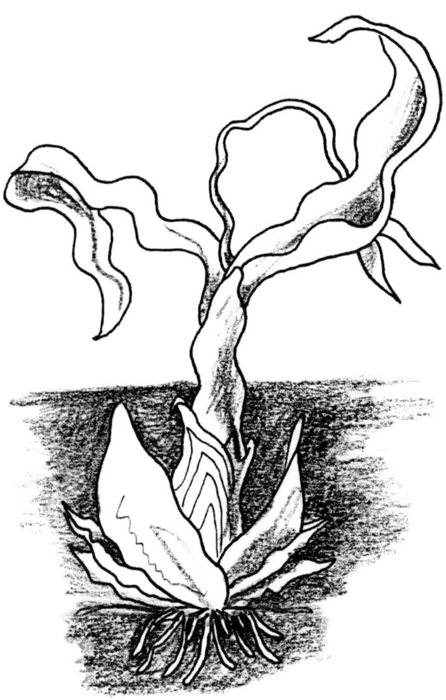

Name:

Datum:

Die Tulpe

4

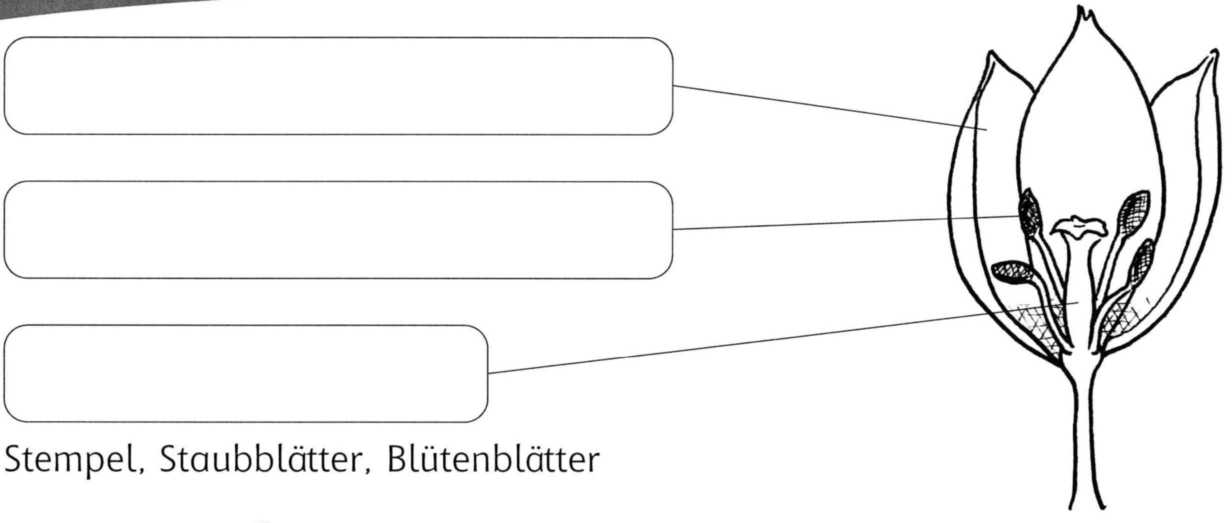

Stempel, Staubblätter, Blütenblätter

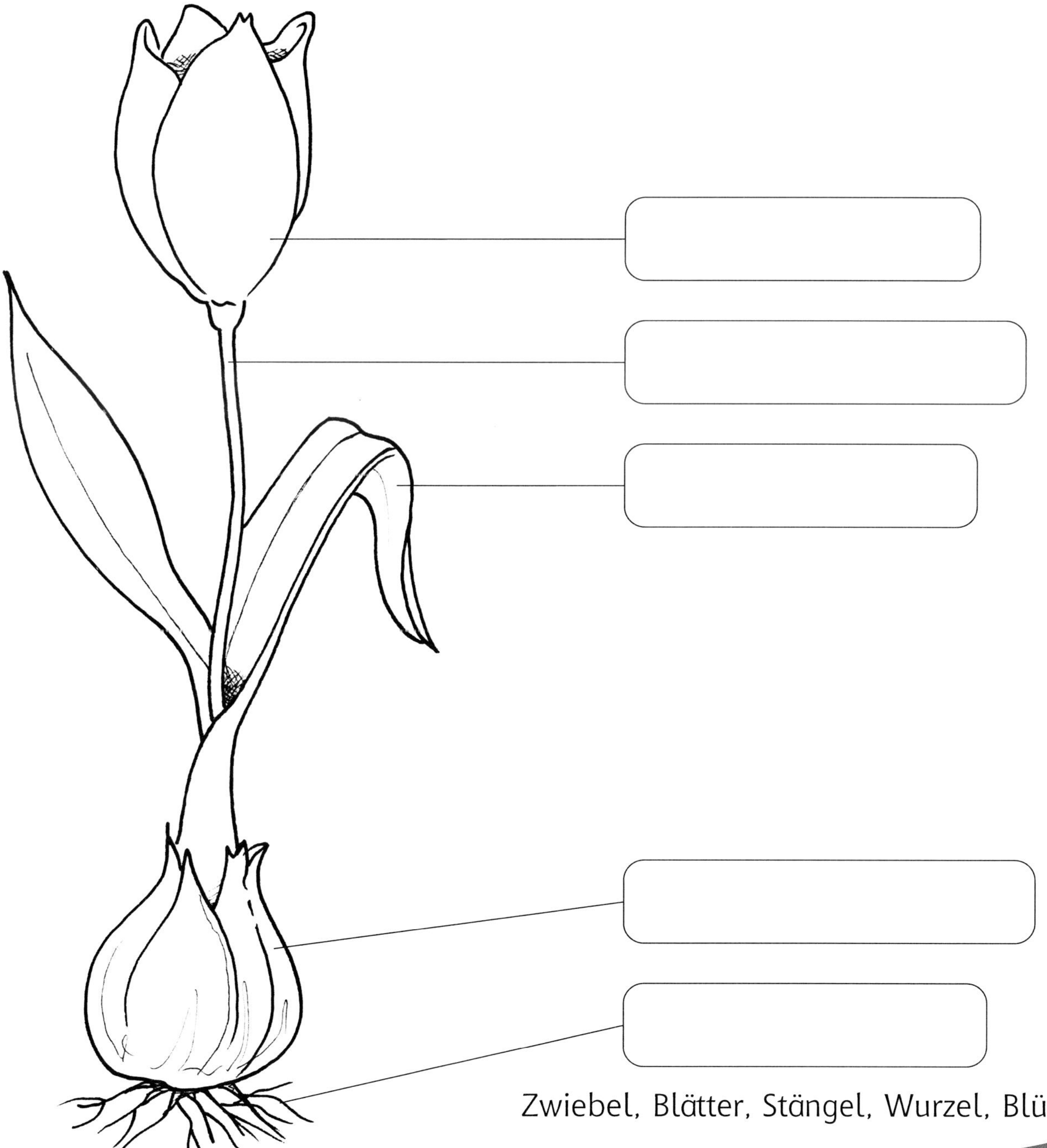

Zwiebel, Blätter, Stängel, Wurzel, Blüte

Name:

Datum:

Die Zwiebel

5

1 Längsschnitt

1

2

3

4

5

6

2 Querschnitt

3

Name:

Datum:

Frühlingsrätsel

7

1 Wer bin ich?

Ich bin der erste Frühlingsbote.
Wenn ich blühe, liegt oft noch Schnee.

Meine Blüte sieht aus wie Schnee.
Meine Blütenblätter sehen aus
wie kleine Glöckchen.

Ich bin ein ________________________.

Wer bin ich?

Ich blühe meistens um die Osterzeit.
Ich bin eine Narzisse, aber die meisten Leute
kennen mich unter einem anderen Namen.
Meine Blüte sieht aus wie eine Glocke.

Meine Blüte ist gelb.

Ich bin eine ________________________.

2

B	D	F	H	N	J	L	N	P	M	Ä	R	Z	B	E	C	H	E	R	R
H	U	F	L	A	T	T	I	C	H	T	H	Y	A	Z	I	N	T	H	E
O	S	T	E	R	G	L	O	C	K	E	V	X	Z	K	A	C	U	E	G
I	K	M	O	Z	Q	S	U	F	L	I	E	D	E	R	W	Y	L	Z	A
D	G	V	E	I	L	C	H	E	N	J	M	P	S	O	V	Y	P	B	E
H	K	N	Q	S	C	H	N	E	E	G	L	Ö	C	K	C	H	E	N	T
W	G	Ä	N	S	E	B	L	Ü	M	C	H	E	N	U	Z	C	F	I	L
O	S	A	U	E	R	K	L	E	E	B	L	A	U	S	T	E	R	N	R

Name:

Datum:

Blumenkästen bepflanzen

8

SONDER-ANGEBOT

Blumenkästen selbst bepflanzen!

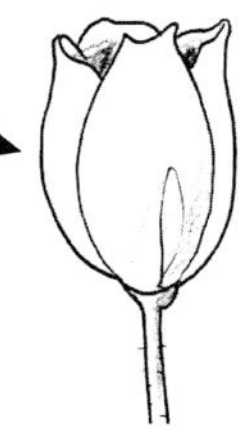

1 Tulpe

1,–

1 Hyazinthe

2,–

2 Narzissen

3,–

Beispiel 1 kostet: ____________

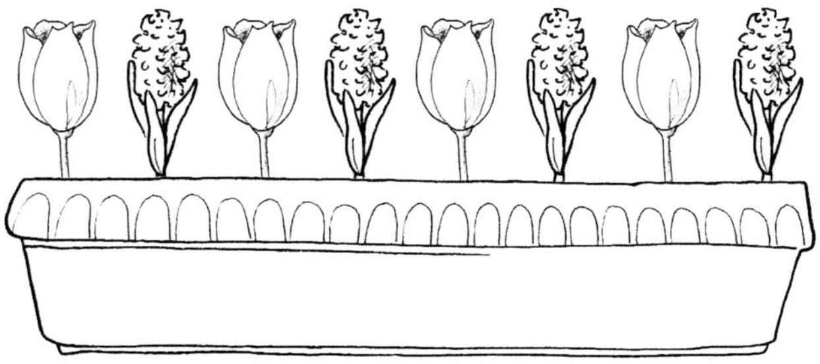

Beispiel 2 kostet: ____________

Beispiel 3 kostet: ____________

Beispiel 4 kostet: ____________

Beispiel 5 kostet: ____________

Beispiel 6 kostet: ____________

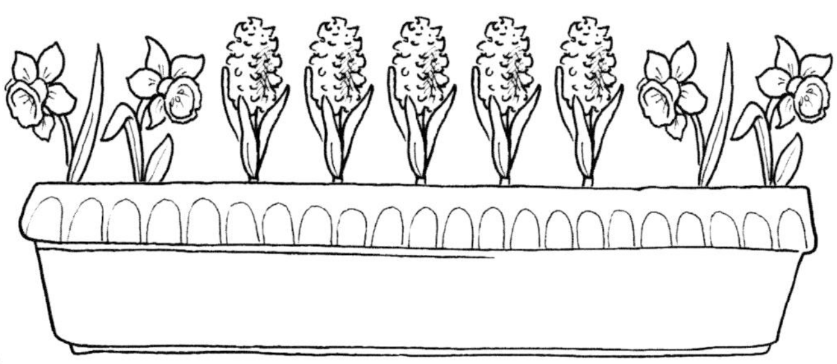

Blumenkästen bepflanzen

Vorlage Blumen

8

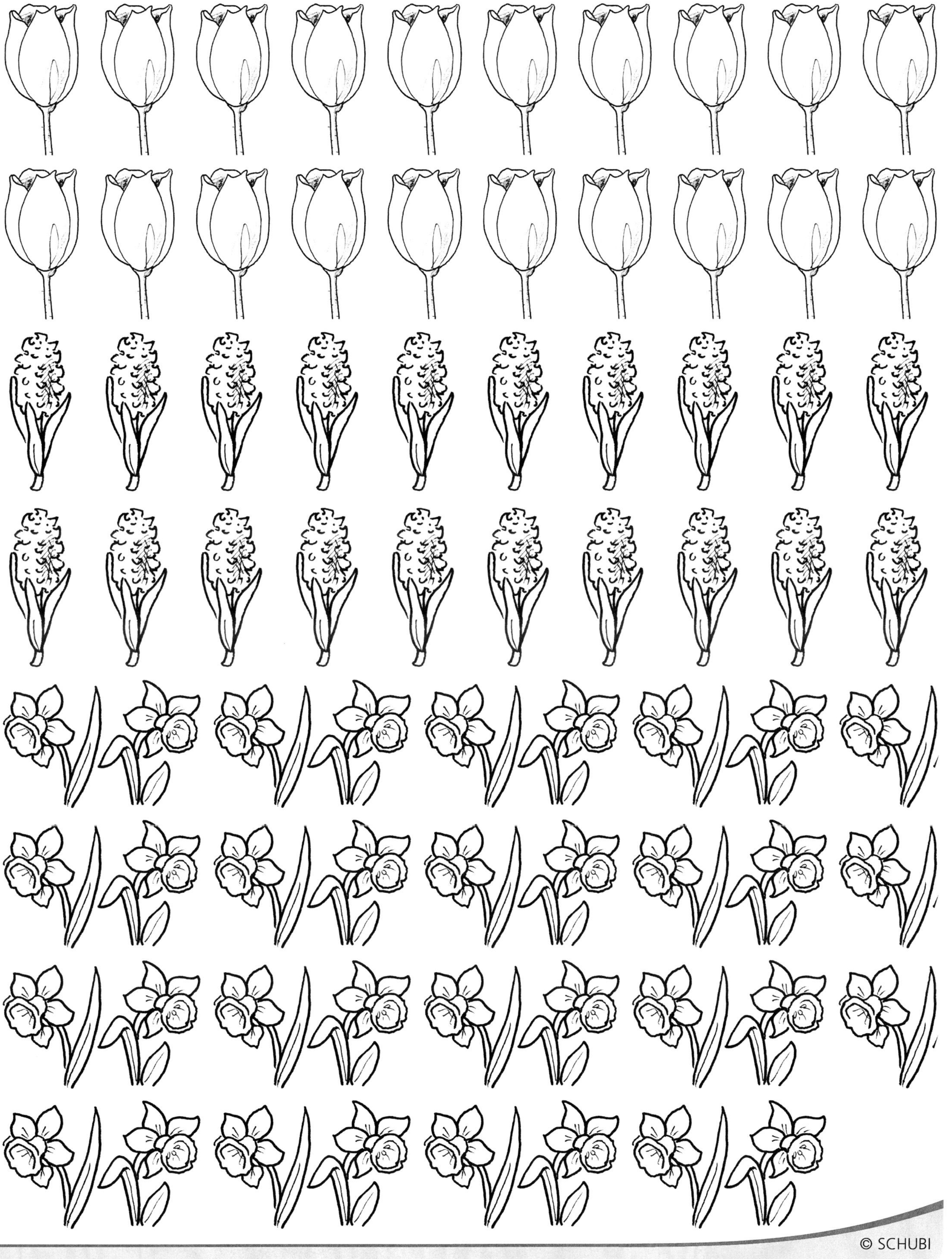

Blumenkästen bepflanzen

Vorlage Blumenkästen

8

Name: ______________________

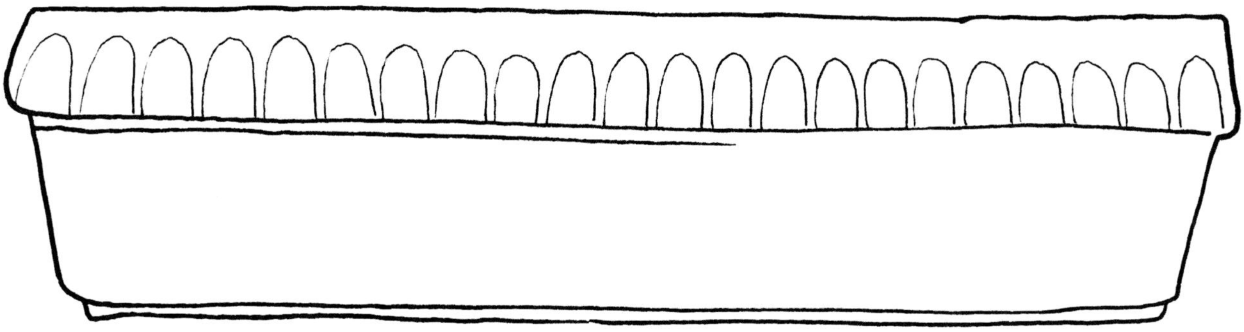

1 Tulpe (1,–) 1 Hyazinthe (2,–) 2 Narzissen (3,–)

Name: ______________________

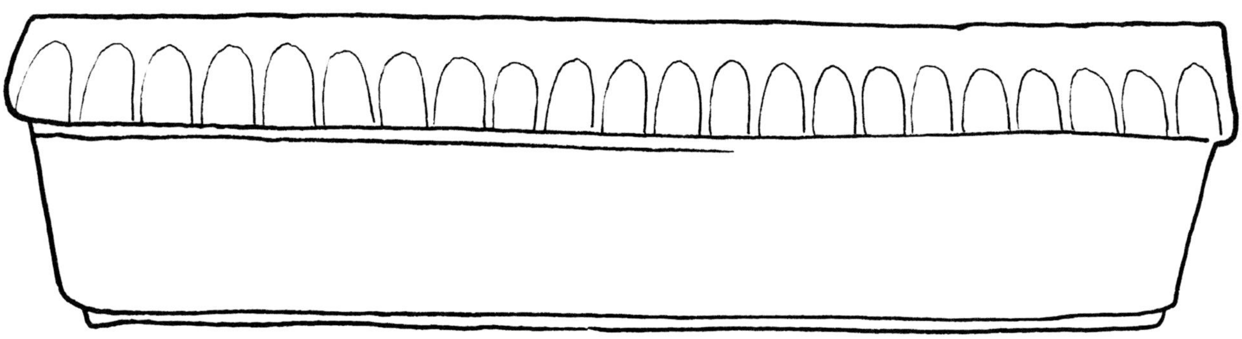

1 Tulpe (1,–) 1 Hyazinthe (2,–) 2 Narzissen (3,–)

Name:

Datum:

9

Versteckte Frühlingsboten

Name:

Datum:

Dem Frühling auf der Spur

10

Frühling

Eines Morgens
ist der Frühling da.

Die Mutter sagt,
sie riecht ihn in der Luft.

Pit sieht den Frühling.
An den Sträuchern im Garten
sind hellgrüne Tupfen.

Anja hört den Frühling.
Neben ihr, auf dem Dach,
singen die Vögel.

Unten vor dem Haus
steigt Vater in sein Auto.
Er fühlt den Frühling.
Die Sonne scheint warm
auf sein Gesicht.

Aber schmecken kann man
den Frühling noch nicht.
Bis die Erdbeeren reif sind,
dauert es noch lange.

Pflanzen

Tiere

Wetter

Sonstiges

Name:

Datum:

Frühlingsgedicht

13

avenidas
avenidas y flores
flores
flores y mujeres
avenidas
avenidas y mujeres
avenidas y flores y mujeres
y un admirador

avenidas = Alleen, Wege
flores = Blumen
mujeres (sprich: mucheres) = Frauen
un admirador = ein Bewunderer

[ ]

[ ] und [ ]

[ ]

[ ] und [ ]

[ ]

[ ] und [ ]

[ ] und [ ] und [ ]

und [ ]

Der Bär wachte hungrig aus seinem Winterschlaf auf. Er kroch aus seiner Höhle und

Der kleine Hase bettelte: „Bitte, darf ich in diesem Jahr mit dir Eier verteilen?“

In der Frühlingssonne wurde der Schneemann immer kleiner

Der bunte Schmetterling setzte sich auf meine

Nase und sagte: „Komm! Ich zeige dir

Name:

Datum:

Wer versteckt sich im Zahlenbild?

15

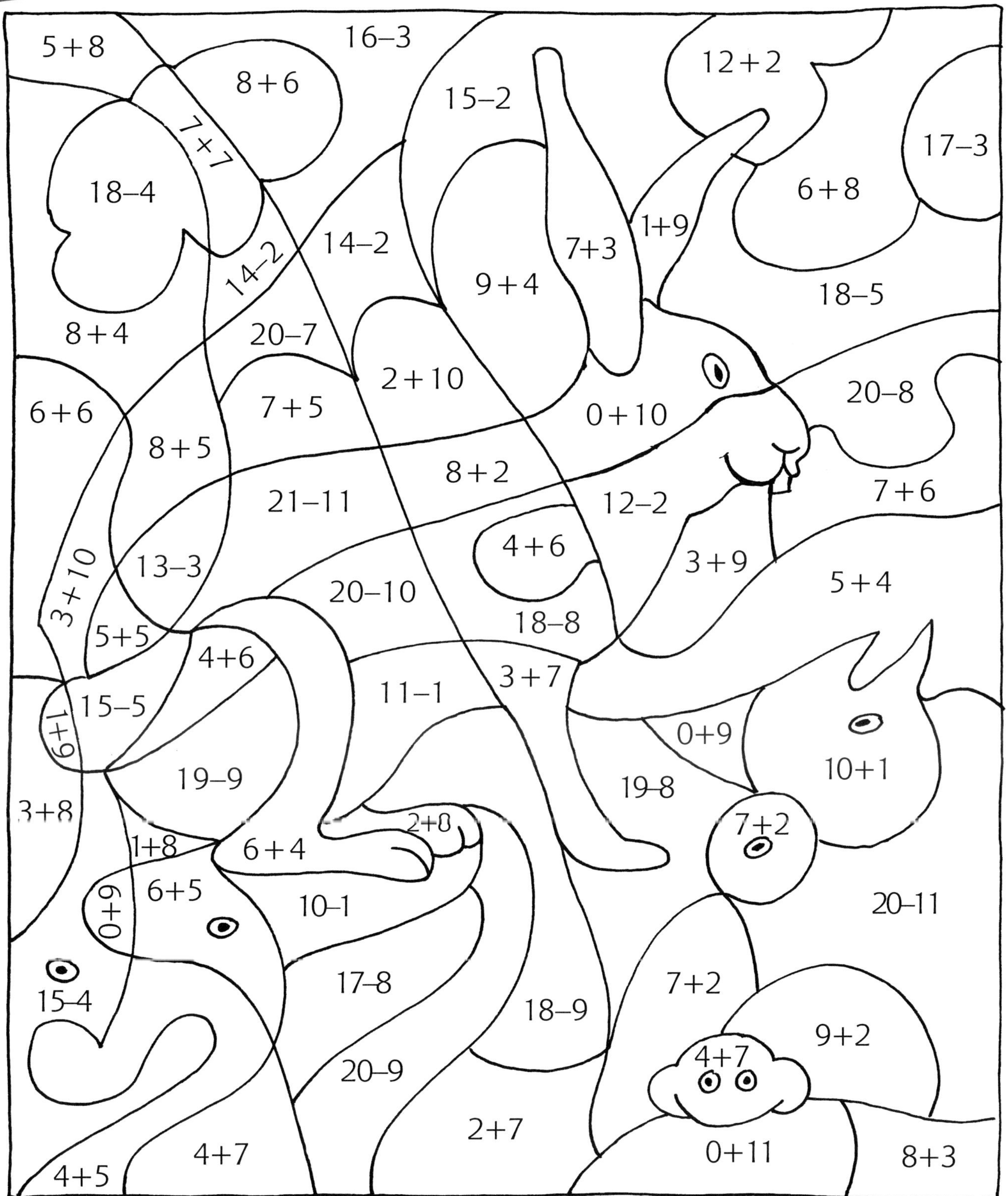

9	=	hellgrün
10	=	braun
11	=	dunkelgrün
12	=	dunkelblau
13	=	hellblau

Name:

Datum:

Wer versteckt sich im Zahlenbild?

15

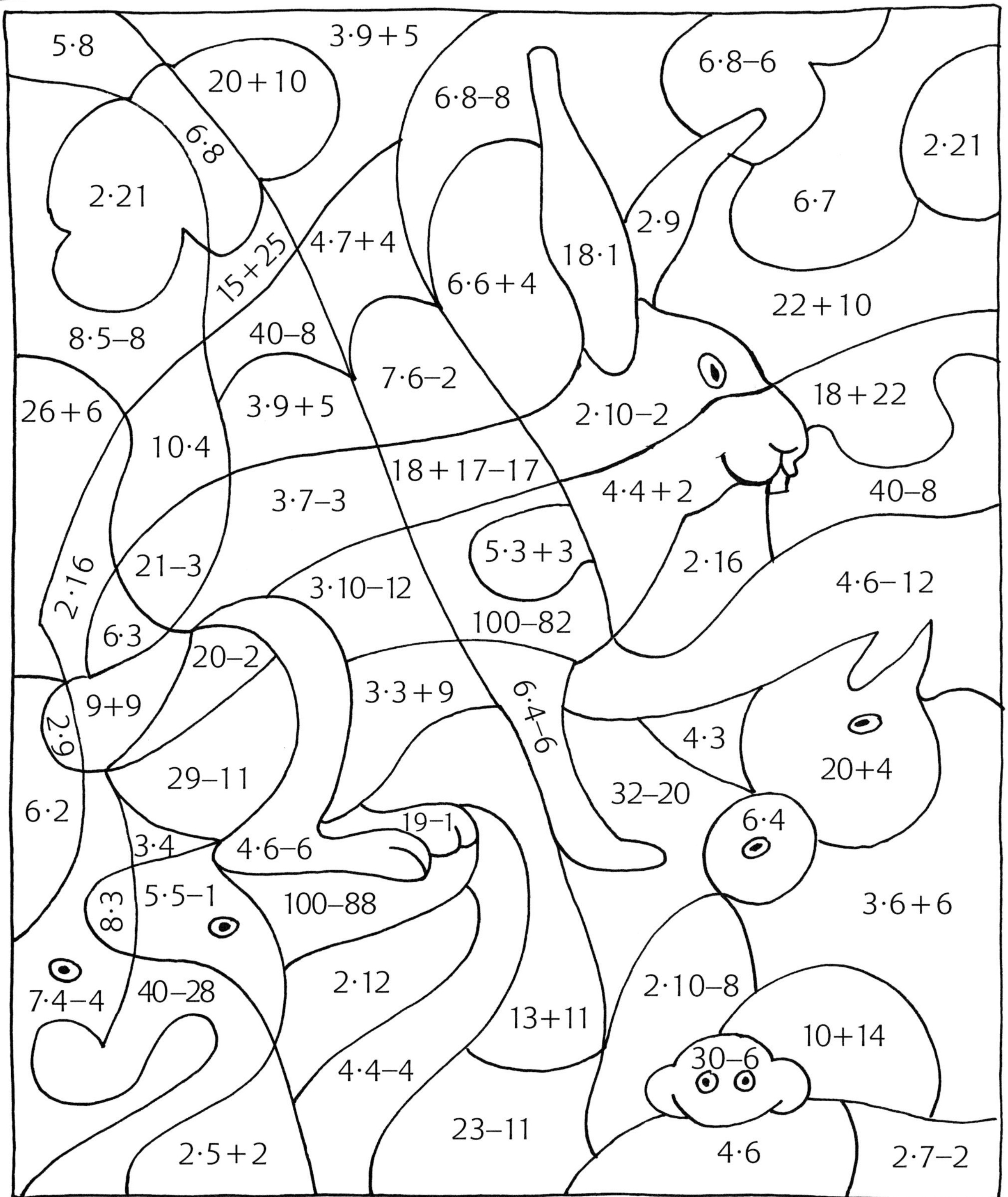

12 = hellgrün
18 = braun
24 = dunkelgrün
32 = dunkelblau
40 = hellblau

Name:

Datum:

Lesen, malen und schreiben

16

Die Tulpen sind rot.
Die Narzissen sind gelb.
Auf dem Stein ist eine Schnecke.
Durch die Luft fliegen Bienen.
Male alles bunt.

Name: Datum:

Lesen, malen und schreiben

16

Der Frühling ist da.

Die roten Tulpen blühen mit den gelben Narzissen um die Wette.
Die Hyazinthen haben rosafarbene Blütentrauben.

Auch die Insekten freuen sich über die Blütenpracht.
Bienen fliegen von Blüte zu Blüte.
Ein Marienkäfer klettert an einem Tulpenstängel hoch.

Auf dem Stein sitzt eine dicke Schnecke mit einem braunen Haus.

Alles ist grün und bunt
und auch der Himmel strahlt
in seinem schönsten Blau.

Eier-Tangram

18

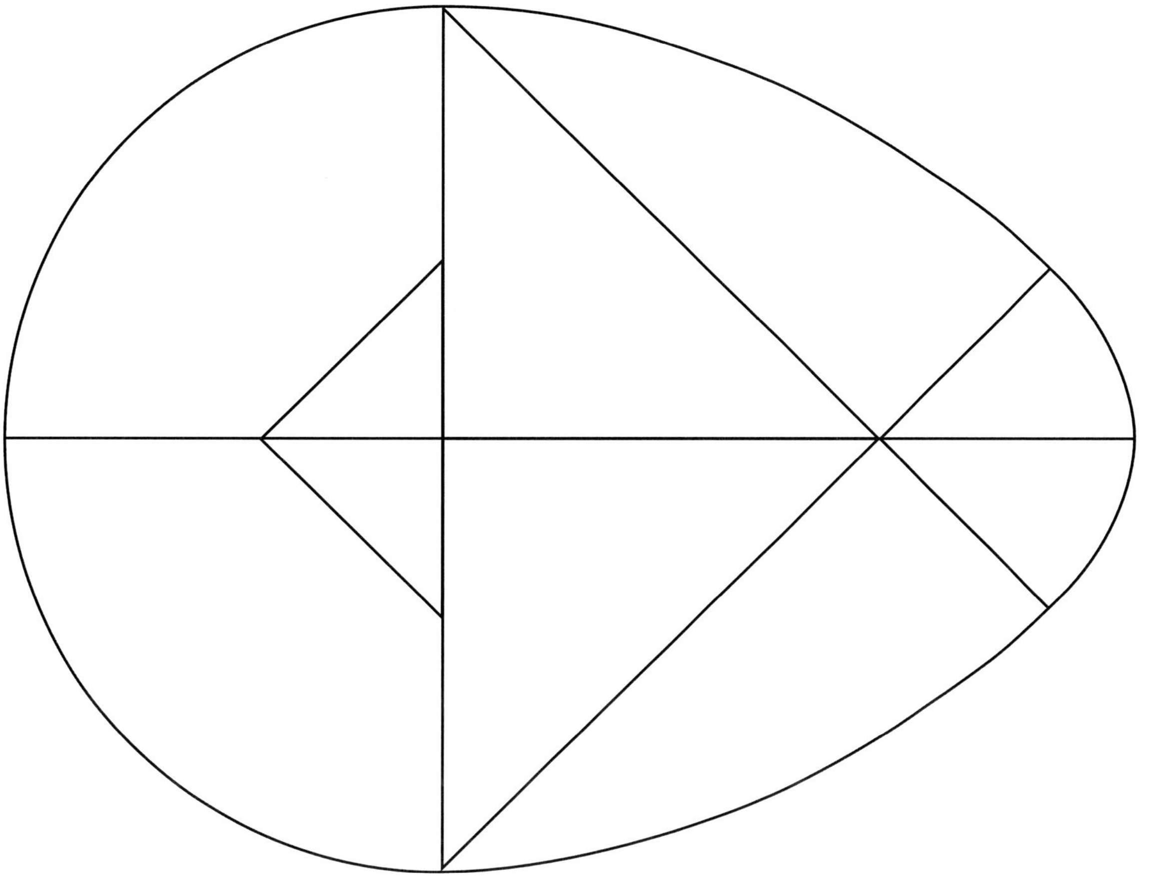

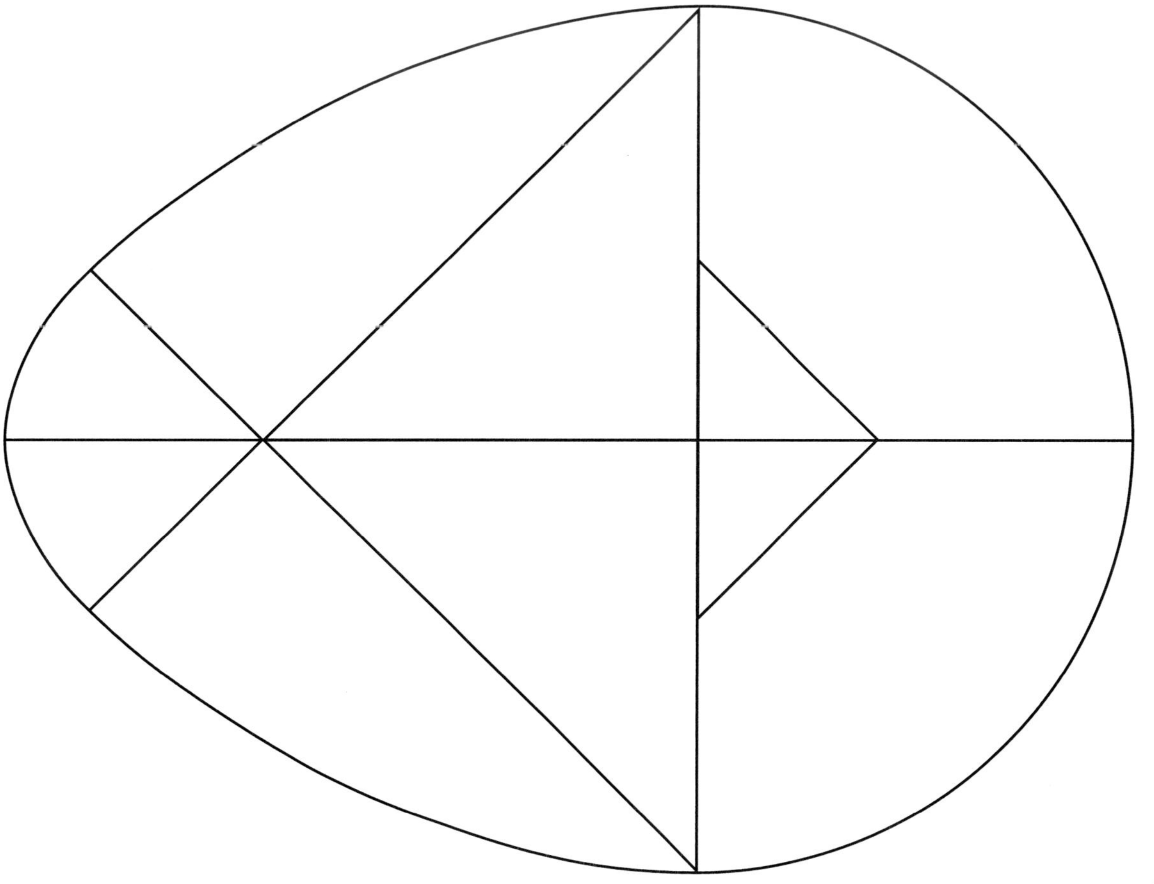

Name:

Datum:

Spiegeln

19

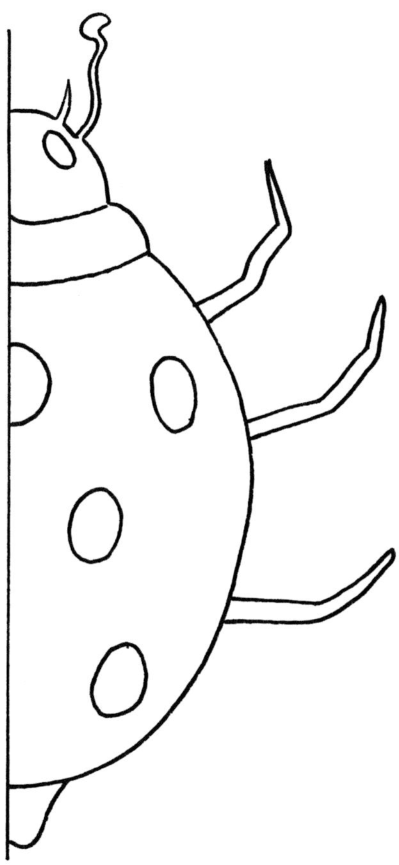

Name:

Datum:

20

Ein Wort zu viel

Endlich kommt der bunt Frühling!

Die Vögel singen im Blatt Baum.

Überall und blühen bunte Blumen.

Die warm Sonne scheint vom Himmel.

An den Bäumen klettern wachsen neue Blätter.

Eifrige Bienen fliegen von Blume zu Blume über.

Zu Ostern suchen uns wir bunte Eier.

Hoffentlich war ist in den Ferien schönes Wetter.

Freust dich du dich auch schon auf das warme Wetter?

Welche Blumen magst du am schön liebsten?

Kontrolle
und Zusätze

Name	1	2	3	4	5	6	7	8	9	10	11	12	13	14	15	16	17	18	19	20
	Frühlings-wörter	Frühblüher	Faltheft: Tulpenjahr	Die Tulpe	Die Zwiebel	Frühlings-Memospiel	Frühlings-rätsel	Blumenkästen bepflanzen	Versteckte Frühlings-boten	Dem Frühling auf der Spur	Lesekarten: Frühling überall	Blumen-Sortierspiele	Frühlings-gedicht	Frühlings-geschichten	Wer versteckt sich im Zahlenbild?	Lesen, malen und schreiben	Blumen pflücken	Eier-Tangram	Spiegeln	Ein Wort zu viel

Werkstattpass

Name:

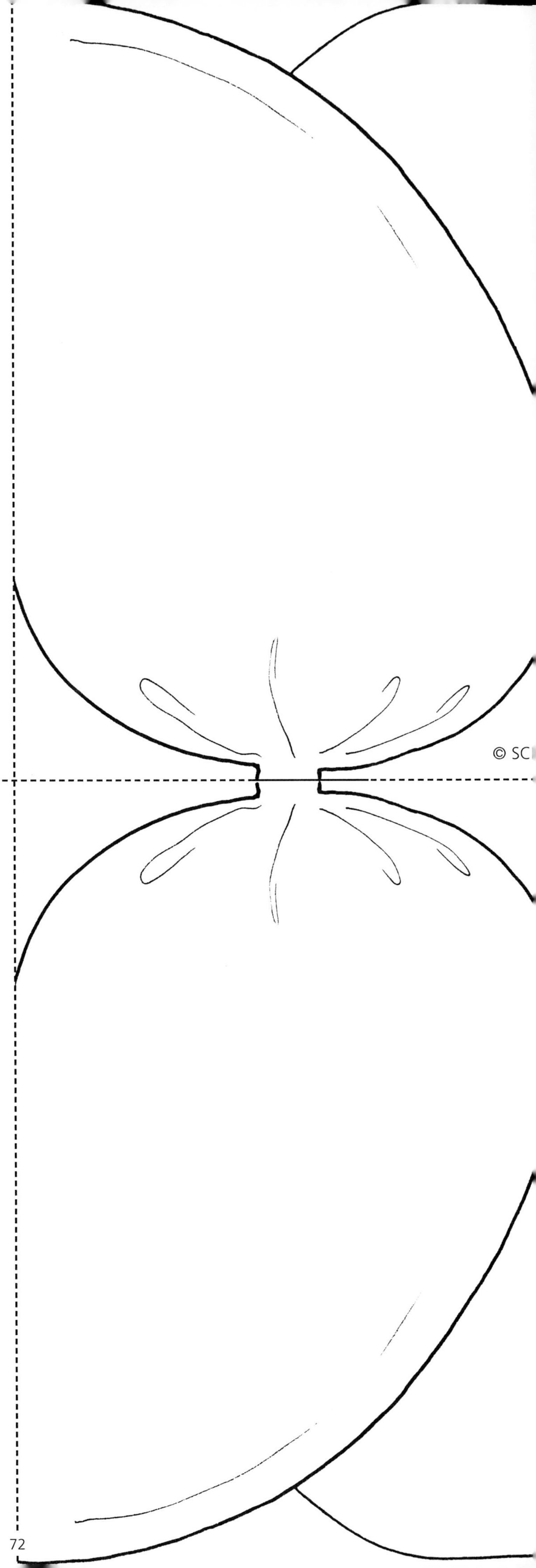

Anhänge
und Extras

„Es tönen die Lieder“ Volkslied

„Es war eine Mutter“ Volkslied

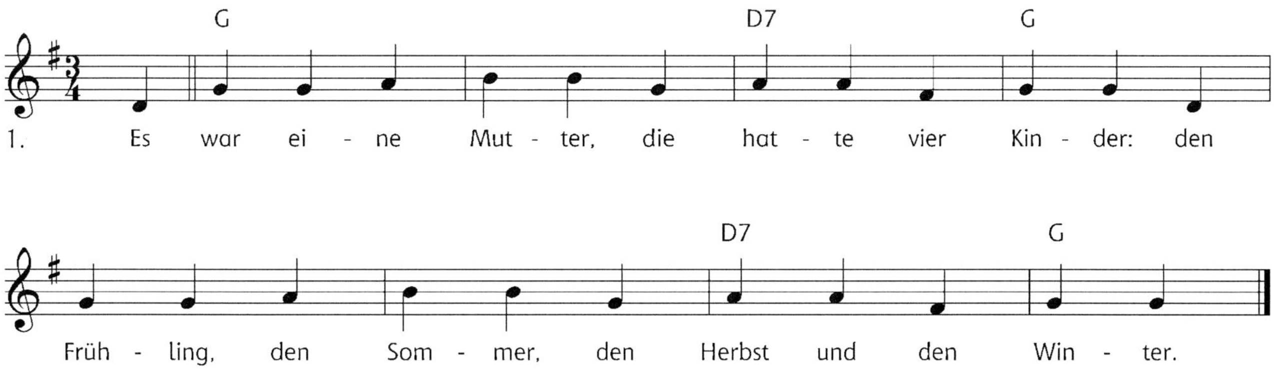

2. Der Frühling bringt Blumen, der Sommer bringt Klee,
der Herbst, der bringt Trauben, der Winter den Schnee.

3. Und wie sie sich schwingen im lustigen Reih'n,
so tanzen und singen wir fröhlich darein.

„Der Winter ist vorüber“ Volkslied

„L’inverno è passato“

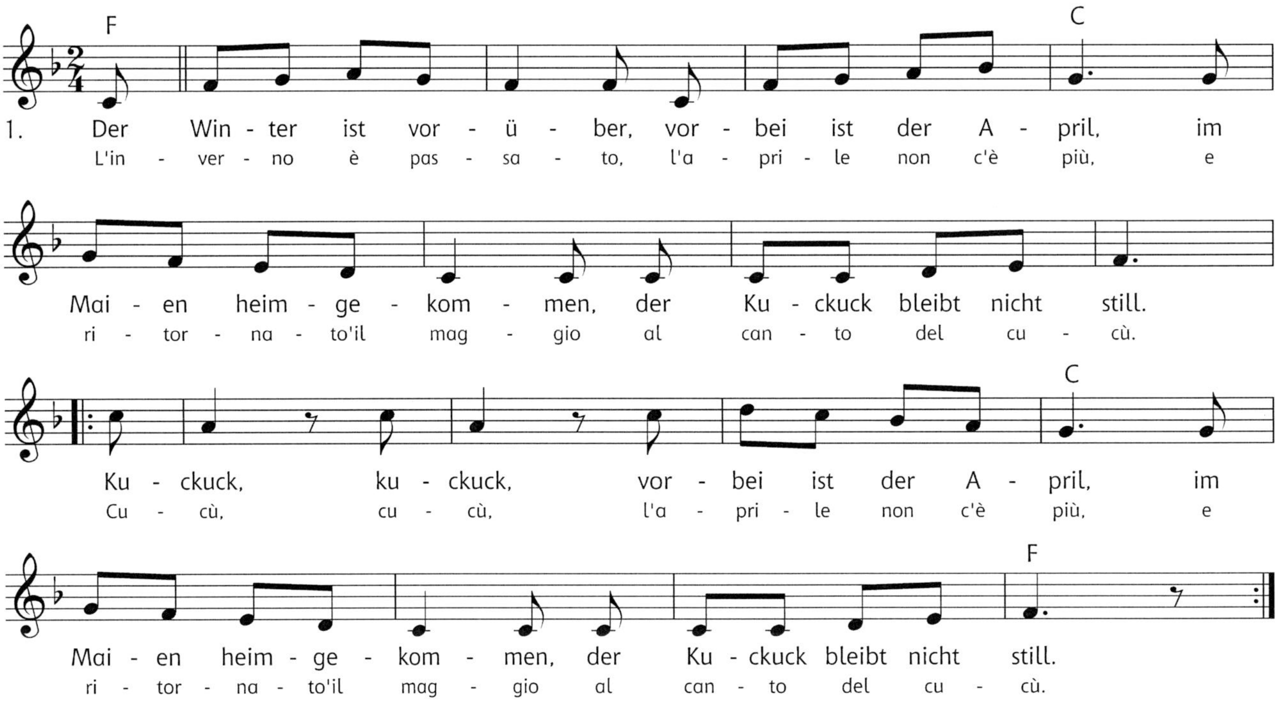

2. Da droben im Gebirge
ist aller Schnee zertaut,
der alte Schelm, der Kuckuck,
schaut, wo ein Nest gebaut.

3. Die Schöne hinterm Fenster
schaut sich die Augen aus
und hofft, dass ihr Kuckuck
den Liebsten bringt ins Haus.

2. Lassù per le montagne
la neve non c'è più,
comincia a fare il nido,
il povero cucù.

3. La bella alla finestra
la guarda in su e in giù,
l'aspetta il fidanzato,
al canto del cucù.

„Singt ein Vogel“ Volkslied

2. Blüht ein Blümlein, blüht ein Blümlein,
   blüht im Märzenwald,
   kommt der helle, der helle Frühling,
   kommt der Frühling bald.
   Refrain: Komm doch, ...

3. Scheint die Sonne, scheint die Sonne,
   scheint im Märzenwald,
   kommt der helle, der helle Frühling,
   kommt der Frühling bald.
   Refrain: Komm doch, ...

Blumen-Sortierspiel 1

12

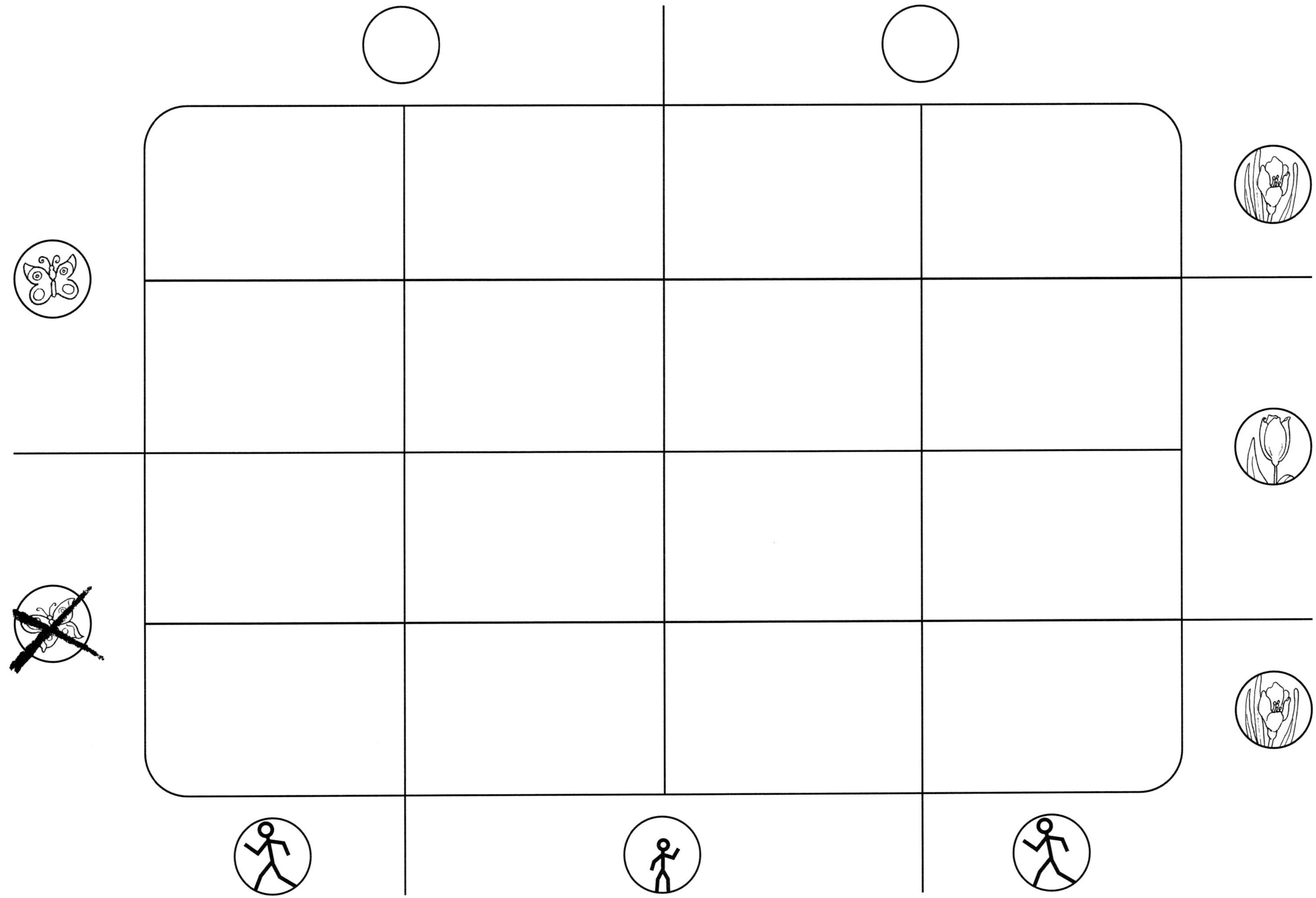

Blumen-Sortierspiel 2

12

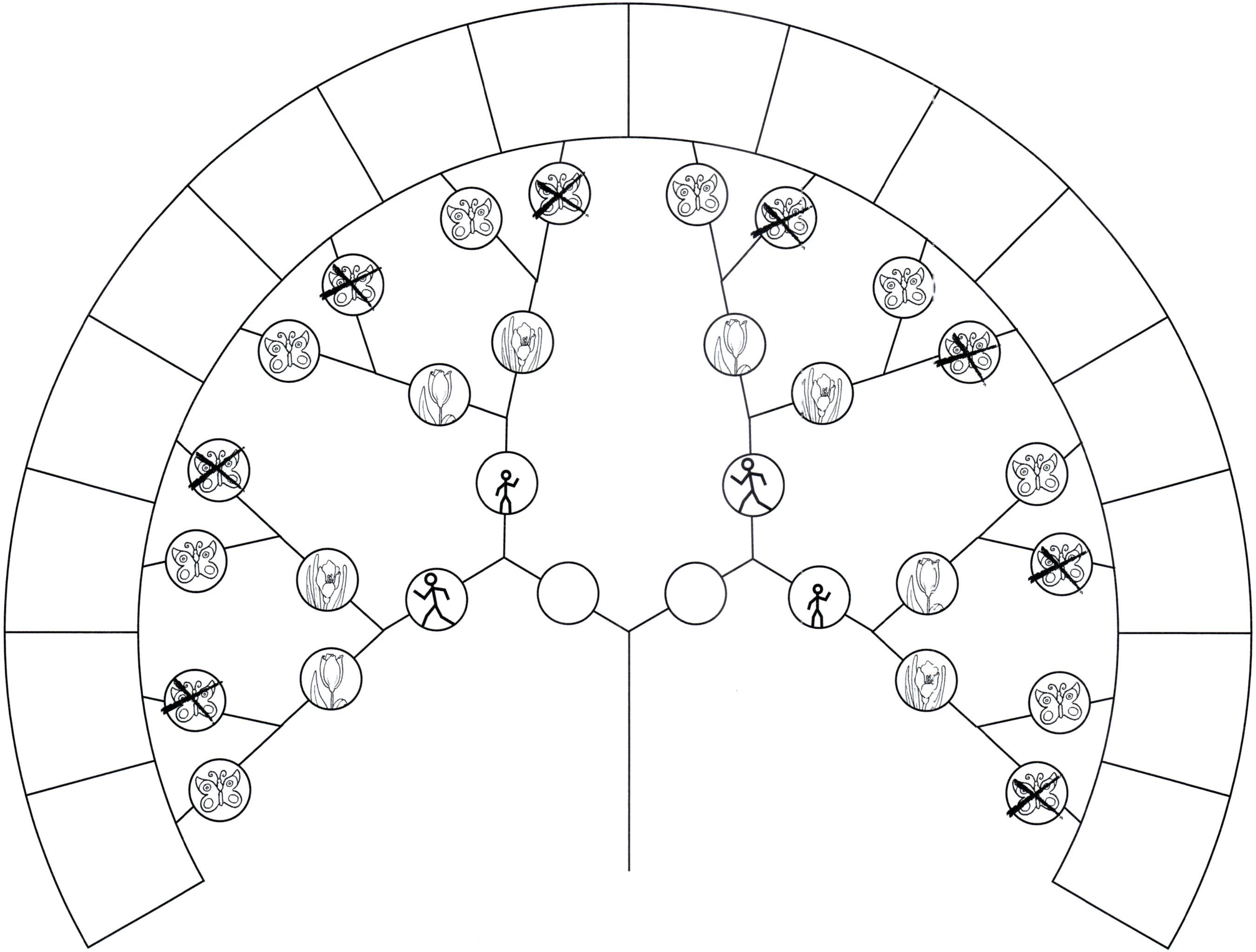

Blumen-Sortierspiel 3

12

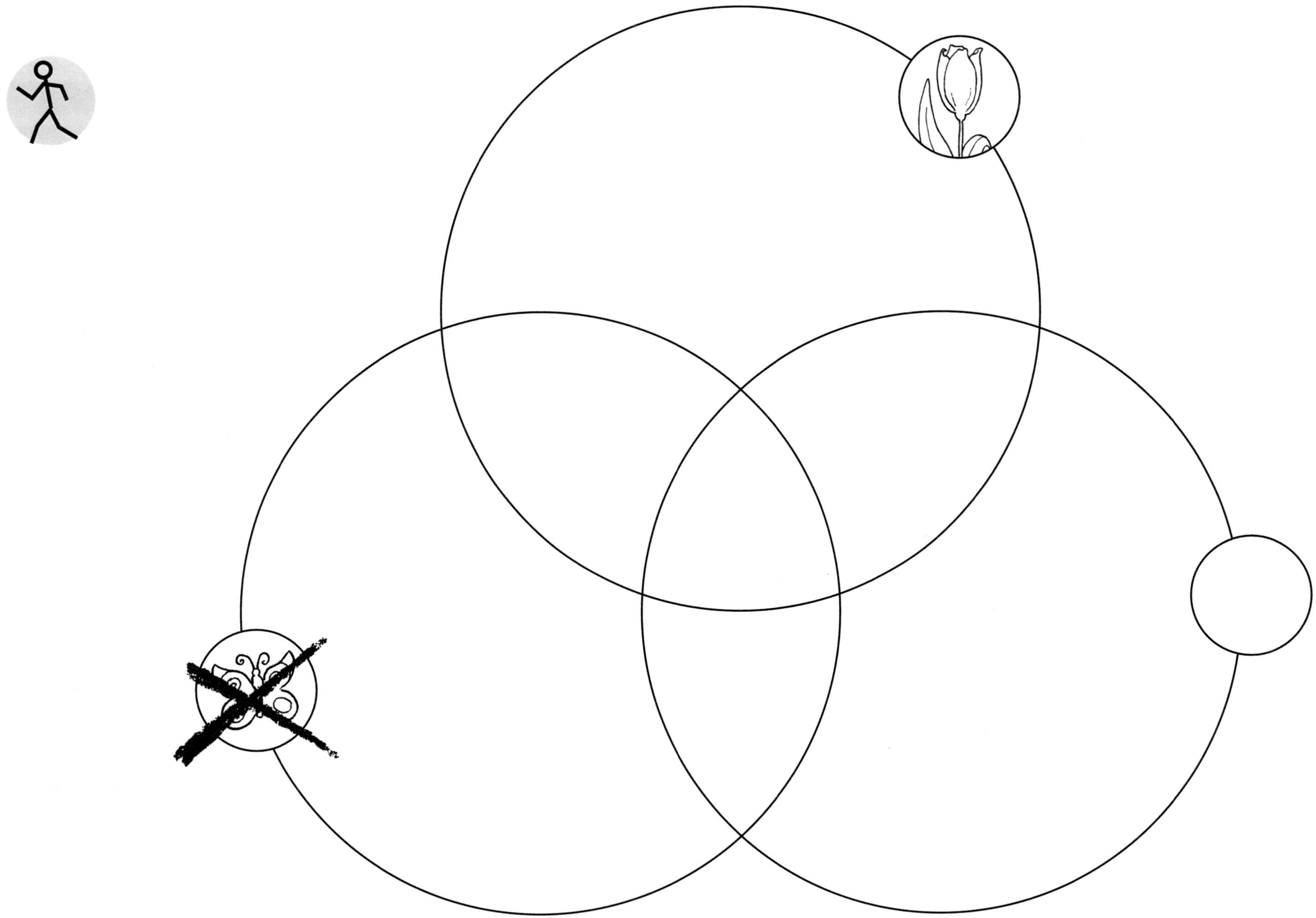

Buschwindröschen

Gänseblümchen

Gundermann

Krokus

Osterglocke/Narzisse

Primel

Schlüsselblume

Schneeglöckchen

Taubnessel

Tulpe

Veilchen

Wiesenschaumkraut

schubi schubi
schubi schubi schubi
schubi schubi schubi
schubi schubi schubi

Buschwindröschen

Gänseblümchen

Gundermann

Krokus

Osterglocke/Narzisse

Primel

Schlüsselblume

Schneeglöckchen

Taubnessel

Tulpe

Veilchen

Wiesenschaumkraut

schubi schubi schubi

schubi schubi schubi

schubi schubi schubi

schubi schubi schubi

Frühling
überall

Überall im Garten und auf Wiesen erwachen Blumen und zeigen ihre bunten Blüten. In der warmen Sonne bekommen sie Besuch von Insekten.

Aus seinem Winterschlaf erwacht hungrig der stachelig Igel. Er freut sich über eine saftige Schnecke, die auf einer Blatt sitzt.

Im kalten Winter können einige Vögel hier nicht überleben. Deshalb verbringen sie diese Zeit in wärmeren Ländern. Sobald der Frühling beginnt, fliegen die Zugvögel zu uns zurück.

Über die warmen Sonnenstrahlen freuen sich auch die Kinder. Endlich können sie wieder bei gutem Wetter im Freien Ball spielen.

In ihrem Nest warten hungrig die ersten Jungvögel. Die Mutter hat ihnen ein paar leckere Würmer mitgebracht.

Versteckt in einem Blumenbee liegen bunte Ostereier und ein Hase aus Schokolade.

Nicht nur die Vögel haben im Frühjahr die ersten Junger in diesem Jahr bekommen. Über die Wiese laufen die jungen Lämmer, die gerade ein paar Wochen alt sind.

Blumen pflücken

17

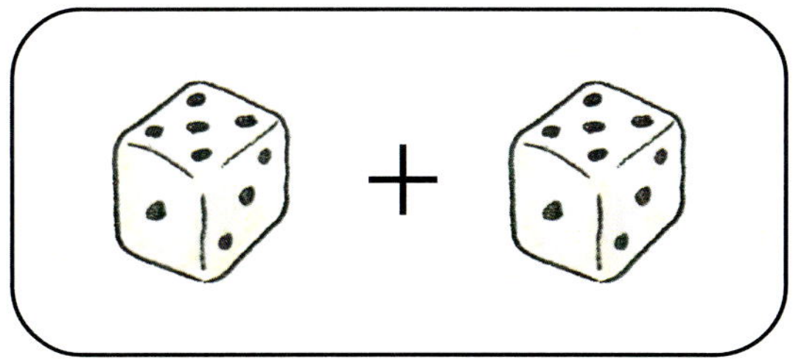

Blumen pflücken

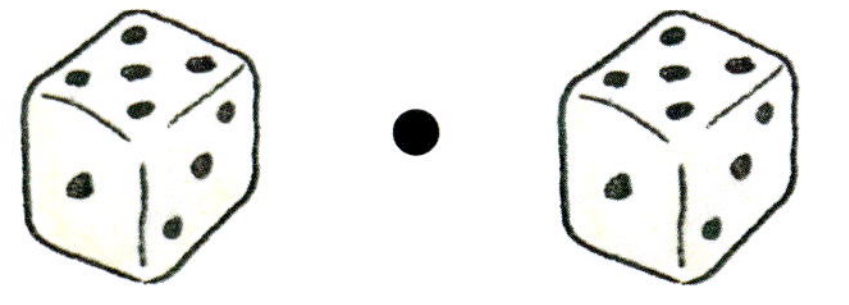